国家自然科学基金青年项目(71403199)资助

农业发展的低碳转型：
进程评估、影响因素及推进策略

杜江　罗珺　著

图书在版编目(CIP)数据

农业发展的低碳转型:进程评估、影响因素及推进策略/杜江,罗珺著. —武汉:中国地质大学出版社,2017.12

ISBN 978-7-5625-3587-4

Ⅰ.①农…

Ⅱ.①杜…②罗…

Ⅲ.①农业发展-低碳经济-研究-中国

Ⅳ.①F323

中国版本图书馆 CIP 数据核字(2017)第 320158 号

农业发展的低碳转型:
进程评估、影响因素及推进策略

杜 江 罗 珺 **著**

责任编辑:郑济飞 陈 琪 责任校对:周 旭

出版发行:中国地质大学出版社(武汉市洪山区鲁磨路 388 号) 邮政编码:430074

电话:(027)67883511 传真:67883580 E-mail:cbb@cug.edu.cn

经 销:全国新华书店 http://cugp.cug.edu.cn

开本:880 毫米×1230 毫米 1/32 字数:150 千字 印张:5.125

版次:2017 年 12 月第 1 版 印次:2017 年 12 月第 1 次印刷

印刷:武汉永立得印务有限公司

ISBN 978-7-5625-3587-4 定价:35.00 元

前　言

由温室气体大量排放造成的温室效应所引起的以全球变暖为主要特征的全球气候变化，正成为广大民众关注的焦点，也是各交叉学科研究的前沿课题。温室气体主要包括二氧化碳、甲烷和氧化亚氮等大部分以碳为核心构架的气体，这些气体的排放对全球生态环境产生了重大影响。气候变化问题需要国际社会共同应对，中国也不例外。2009 年中国在哥本哈根气候峰会确定了“到 2020 年单位国内生产总值二氧化碳排放比 2005 年下降 40%～45%”的行动目标，并将作为约束性指标纳入国民经济和社会发展中长期规划之中。为实现减排承诺，任何产业部门和生产、资源利用活动都必须实现相应程度的减排，都必须为实现我国二氧化碳减排目标做出应有的贡献。目前，我国以“高投入、高消耗、高排放、难循环、低效率”为特征的粗放型增长方式一直未实现根本性的转变。因此，如何真正实现包括各产业在内的经济发展方式的全面转变确实是一个值得深入研究的课题。但是，无论是国际社会温室气体排放的关注焦点，还是理论界低碳减排的研究对象，均集中在工业化、城市化领域，忽略了农业这一基础产业。

本书共分为六个部分:第一章绪论对整个研究的背景及意义进行概述;第二章是相关研究进展及其评述;第三章以水稻、小麦、玉米、豆类、油菜籽、花生、棉花、薯类为研究对象,利用生命周期评价法测算农业碳排放量,并分析农业碳排放的区域特征及其动态演进;第四章构建动态评估指数,并据此评估农业发展的低碳转型进程;第五章对农业发展低碳转型的影响因素进行分析;第六章提出推进农业发展低碳转型的对策建议。

本书有以下主要研究结论:

1. 农业碳排放与碳吸收(碳汇)的特征

1991—2016年,我国农业碳排放总量在波动中持续增加。其中,除水稻种植碳排放有所降低外,农业生产要素投入、秸秆焚烧、农田氮肥施用碳排放均持续增加。农业碳排放的地区差异明显,排放量前8位的地区均是粮食主产区,而全国13个粮食主产区的排放量贡献了排放总量的69.12%。农业碳汇量方面,水稻、小麦、玉米三大粮食作物的农业碳汇比重远大于其他作物,碳汇量排名前14位的地区除了新疆外全是粮食主产区。三大粮食作物的平均碳汇比重达到了83.9%。

2. 农业发展低碳转型的进程

低碳转型水平东部地区最高、西部地区最低,全国及西部地区表现出低碳发展逐渐放缓的趋势,西部地区最为明显，东、中部地区低碳发展进程缓慢提高。无论是低碳水平增加还是降低，全国及东、中、西部地区的平均水平均低于0.5，即低碳转型还没有成功发生。

3. 农业低碳转型的影响因素

不考虑控制变量的影响，农业环境全要素生产率、技术进步模型表现出显著的倒“U”形曲线特征，环境技术效率模型表现出显著的“U”形特征。加入控制变量后，环境技术效率模型“U”形特征消失，环境全要素生产率与技术进步模型的倒“U”形特征仍然显著。

控制变量的影响。农业结构调整及城市化对农业环境全要素生产率有显著的负向影响。各控制变量对环境技术效率及技术进步的影响则各不相同，其中产业结构、价格指数比对环境技术效率的影响显著为正，农业财政支出、城乡收入比、农民工资性收入比例、城市化率、受灾率对环境技术效率的影响显著为负；粮食播种面积比重、产业结构、价格指数比、受灾率、农业财政支出比重、城市化率对技术进步的影响均为负。

本书的顺利出版，离不开武汉轻工大学经济与管理学院各位同事的大力帮助，他们是（按姓氏拼音排序）邓义、顾桥、桂乐政、李晓涛、刘虹、万卉林、汪成、汪普庆、王锐、王新华、吴素春、夏佐铎、杨孝伟、张葵、赵伟。同时，也要感谢经济与管理学院的各位领导与其他同事们对我的支持。

最后还要感谢所有爱护我的亲人，他们对我的信任与默默无闻的关爱是我永远的坚强后盾和精神支柱！

由于著者水平有限，书中难免会有疏漏与不妥之处，敬请读者不吝指正。

杜　江

2017年10月

武汉轻工大学

目　录

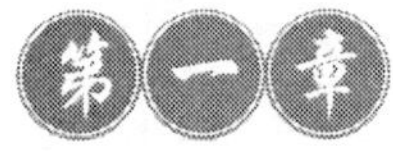

绪　论

随着全球人口的增加，人类活动的加剧、经济发展的加速、能源消耗的加大等因素加重了社会环境的负担，全球环境质量逐年恶化，各地频发的自然灾害给人类造成了巨大的损失。人们逐渐认识到环境对可持续发展的重要性，其中，由温室气体（Greenhouse Gas，GHG）大量排放造成的温室效应所引起的以全球变暖为主要特征的全球气候变化，正成为广大民众关注的焦点，也是各交叉学科研究的前沿课题。温室气体主要包括二氧化碳（CO_2）、甲烷（CH_4）和氧化亚氮（N_2O）等大部分以碳（C）为核心构架的气体，这些气体的排放对全球生态环境产生了重大影响。据联合国政府间气候变化专门委员会（IPCC）估计，在过去的 100 年里（1906—2005 年），全球地表平均温度升高了 0.74℃，海平面升高了 0.17m；随后的 100 年内地球温度将上升 2～3℃，每 10 年平均上升 0.20～0.59℃（IPCC，2007a）。2007 年 IPCC 第四次报告指出，从过去 50 年观测到的地球平均温度升高的诱因中，有 90% 以上的可能性是由人类活动引起的，核心因素是人类活动引发的温室气体排放的增加，其重要依据是工业化之前大气中 CO_2 浓度为 280×10^{-6}，现在为 380×10^{-6}。报告强调，全球气候变化给人类及生态系统带来了前所未有的生存危机。极端天气、冰川消融、永久冻土层融化、珊瑚礁死亡、海平面上升、生态系统改变、致命热浪侵袭、水资源短缺、干旱与洪涝频发、土地沙漠化加剧、水土流失面积扩大、山地灾害加剧、大气成分改变等,无一不对人类的社会经济活动和生存发展产生巨大的不利影响。联合国环境规划署(UNEP)2009年预计,即使发达国家CO_2排放减少80%,发展中国家减少50%,到2100年地球平均气温仍将上升4.3℃,海平面将升高2m(McMullen等,2009)。

实施碳减排以应对气候变化的影响已经成为世界各国的共识。1992年5月在联合国纽约总部通过了《联合国气候变化框架公约》(简称《公约》),同年6月在巴西里约热内卢举行的联合国环境与发展大会期间正式签署。《公约》的最终目标是"将大气中温室气体的浓度稳定在防止气候系统受到危险的人为干扰的水平上"。2009年12月7日至19日,第15次缔约方会议暨《京都议定书》第5次缔约方会议在丹麦哥本哈根举行,大会分别以《公约》及《京都议定书》缔约方大会决定的形式发表了不具法律约束力的《哥本哈根协议》,就发达国家实行强制减排和发展中国家采取自主减缓行动做出了安排,并就全球长期目标、资金和技术支持、透明度等焦点问题达成广泛共识,与此同时,世界各国纷纷承诺了具体的减排目标。

气候变化问题需要国际社会共同应对,中国也不例外。2014年7月28日,IPCC第四次评估报告预计全球未来温室气体排放增长的2/3～3/4来自发展中国家,主要的减排潜力也在发展中国家,越早采取减排行动越经济可行(IPCC,2007a)。国际能源机构(IEA)指出,20世纪90年代以来中国温室气体排放增长约占世界的34%(IEA,2006)。国际观点甚至认为实现"温室气体浓度稳定在防止气候系统受到人为干扰的水平上"的目标,需以中国的大量减排为先决条件(庄贵阳,2008)。实际上,中国于2008年超过美国成为CO_2最大排放国,这无疑给中国的碳减排带来了较大的国际压力。一方面,转变经济发展方式的内部诉求和控制温室气体排放的大势所趋使得中国在主动承担减排责任方面不仅表现出了积极的态度,更是做出了实际行动。2009 年中国在哥本哈根气候峰会确定了"到 2020 年单位国内生产总值二氧化碳排放比 2005 年下降 40%~45%"的行动目标,并将作为约束性指标纳入国民经济和社会发展中长期规划之中。要实现这一目标,中国 CO_2 排放在 2020 年前须减少 10 亿 t,这将占到全世界所需减排量的 1/4(Qiu,2009)。为实现减排承诺,包括任何产业部门和生产、资源利用活动都必须实现相应程度的减排,都必须为实现我国二氧化碳减排目标做出应有的贡献。2008 年底中国 4 万亿人民币投资中,低碳项目资金占 38%,仅次于韩国(81%)和欧盟(59%),高于第六的美国(12%),投入额高居世界第一,是排在第二位美国的两倍(Robins 等,2009)。中国的表率作用赢得了国际社会的好评,以碳强度作为减排指标充分考虑了中国作为发展中国家发展仍然是第一要务的国情,符合低碳经济的发展方向,有利于形成助推中国经济转型的倒逼机制和长效机制(陈诗一,2011c)。如果中国能有效实施节能减排政策,到 2020 年需独自完成 10 亿 t 的减排量,这将占到经济合作发展组织(OECD)成员国减排量的 62.5%(IEA,2009)。

转变经济发展方式一直是我国政府长期努力解决但至今仍未妥善解决的问题。党的十四届五中全会确立了实现经济增长方式根本性转变的战略目标;党的十七大报告用"发展"代替"增长",指出加快转变经济发展方式是关系国民经济全局紧迫而重大的战略任务;党的十七届三中全会提出"加快转变农业发展方式,积极发展现代农业"的新要求;党的十八大报告明确了"以科学发展为主题,以加快转变经济发展方式为主线,加快发展现代农业”的任务;2014年“中央一号”文件则直接以“推进农业现代化”为标题,将建立农业可持续发展长效机制作为了硬性指标。转变农业发展方式是转变经济发展方式的重要组成部分,是实现农业现代化的必然选择。党和国家领导人高瞻远瞩、审时度势,准确把握了经济发展势态并不断调整着战略发展目标。但是,我国以“高投入、高消耗、高排放、难循环、低效率”为特征的粗放型增长方式一直未实现根本性的转变。因此,如何真正实现包括各产业在内的经济发展方式的全面转变确实是一个值得深入研究的课题。

无论是国际社会温室气体排放的关注焦点,还是理论界低碳减排的研究对象,均集中在工业化、城市化领域,忽略了农业这一基础产业。不可否认,第二、第三产业也是碳排放的主要方面,但快速发展的农业却也是加速气候变暖的重要诱因。农业已是最大的温室气体排放源之一,农业温室气体排放量占排放总量的13.5%,其中CO_2、CH_4和N_2O分别占25%、50%和70%(Montzka等,2011;Norse,2012)。全球由人类引起的大约56%的非CO_2温室气体排放量也来源于农业(EPA,2012)。实际上,农业在全球碳循环中扮演着重要角色,农业生产约产生温室气体150亿t,占全球温室气体排放的30%,主要是农业和畜牧业导致的森林减少,大量使用化肥,反刍动物排泄,农业废弃物焚烧,稻田厌氧分解等因素造成(Smith等,2007)。农业是温室气体的主要排放源,全球农业CH_4和N_2O排放占人类活动造成的排放量的50%、60%,到2030年,农业源CH_4和N_2O排放将比2005年分别增加60%和35%~60%,减少农业源温室气体排放对控制气候变化有重要作用(IPCC,2007b)。2009年10月13日,世界银行在发布的《2010年世界发展报告:发展与气候变化》中称,发展中国家在面对气候变化带来的威胁时更脆弱，将承受气候变化潜在影响的75%～80%。究其原因，农业是大多数发展中国家的基础产业，技术落后等原因使农业对环境恶化的抵抗力很低，农业生产更易受到影响。与农业生产相关的各种直接与间接排放共同导致了温室气体排放的持续增加。

为确保持续快速增长的人类对食物的需求，农业正陷入保持高生产率、降低温室气体排放量、适应气候变化的影响的“三难”困境中(Smith 等，2013)。作为传统的农业大国与人口大国，中国的农业在转型发展的过程中也陷入了这种困境。根据《中华人民共和国气候变化第二次国家信息通报》提供的数据，农业作为中国第二大温室气体排放源，其 CO_2 当量 2005 年就占总量的10.98%，其中农业源 CH_4、N_2O 排放量分别占 56.62%、73.79%，农业已是最大的非 CO_2 温室气体排放源。根据《中华人民共和国气候变化第一次两年更新报告(中英文版)》提供的数据，农业 CO_2 当量在 2012 年的比重为 7.89%，农业 CH_4、N_2O 排放量分别占 40.9%、71.6%。农业源碳排放逐年增多，究其原因，一方面是因为近些年来我国农业现代化进程明显加快，农业机械的广泛运用和生产资料的大量投入导致了农业温室气体排放量的上升；另一方面牛、羊等牲畜饲养量的增加进一步加剧了农业碳排放；除此之外，农用地利用模式的转变、农业废弃物的处理不当(如秸秆焚烧)等也导致了农业碳排放量的增加。

伴随着工业化、城市化的深入推进，我国农业发展到了从传统农业向现代农业转型跨越的新阶段，农业生产经营方式到了由传统小农生产向社会化大生产加快转变的新阶段，工农、城乡关系到了深度调整和互动融合的新阶段。农业资源利用强度高、转化效率低的矛盾日益加剧，加快转变农业发展方式将面临更大挑战。我国政府已做出 CO_2 减排的承诺,"十二五"规划中绿色发展主题体现了我国迈向更加绿色经济的强烈意愿,2011 年出版的《中国应对气候变化的政策与行动(2011)》、2013 年出版的《气候变化绿皮书:应对气候变化报告》、2011—2017 年连续出版的《中国绿色发展指数年度报告》等系列报告的连续出版表明了中国应对气候变化、推进绿色经济发展的决心,2014 年《中央一号》文件的公布更是表明了绿色经济框架下农业的未来发展目标。低碳农业必定是低碳经济的重要组成部分。绿色增长战略下,农产品需求压力、资源环境约束和减排要求使得农业发展的低碳转型不可避免且极为紧迫,但要从长期以来的"高能耗、高排放、高污染"的传统增长方式迅速转变为以"低能耗、低排放、低污染"为主要特征的现代发展方式不啻于凤凰涅槃,这需要理清思路、革新观念,对农业碳排放的现状、进程及影响因素进行系统的研究。本书以此为目标,拟在相关研究的基础上进一步凝炼方向,较为深入地探讨绿色增长战略下的低碳减排与农业转型问题,这对于保障农业安全、全面推进现代农业建设具有重要的理论及现实意义。

相关研究进展及其评述

第一节　农业碳排放的相关研究进展及其评述

一、基于试验测定的相关研究

一直以来,国内学者大多通过田间试验(如暗箱法、色谱法、自动观测系统等)来获取农业碳排放数据。田间试验所获得的数据更加直接、准确,但由于试验主要针对具体狭小的地块及特定的农作物品种,所设定的试验条件也不同,所以不易于区域农业碳排放的汇总及跨区对比。相关研究从作物品种、试验地块、施肥行为、耕作方式及技术条件等多方面测定了农业碳排放量及其他农业温室气体排放量。

(1)不同作物品种与地块的碳排放。陈宗良等(1994)测定了北京和南京具有代表性的稻田的 CH_4 排放通量。陈冠雄等(1995)用暗箱法对我国东北稻田 CH_4 和 N_2O 排放进行观测。刘惠等(2006)采用静态箱-气相色谱法对稻田 CO_2 排放进行原位测定并探讨农林复合生态系统稻田温室气体的排放规律。

(2)不同施肥方式的碳排放。谢小立等(1995)利用自动连续测量系统,对不同施肥情况下稻田的 CH_4 排放通量进行了监测,发现施肥是影响稻田 CH_4 排放的重要因素。董玉红等(2007)采用静态箱-气相色谱法测定长期定位施肥对农田 CO_2、CH_4 和 N_2O 排放的影响。刘运通等(2011)利用自动观测系统研究了春玉米农田中不同肥料对 N_2O 排放的影响,并结合农作物产量及 N_2O 的排放量探索减少温室气体排放的施肥措施。李燕青等(2015)利用静态箱-气相色谱法对华北平原冬小麦-夏玉米种植中不同施肥水平下的潮土玉米季土壤 CO_2 和 N_2O 的排放量进行监测,并分析其综合温室效应。

(3)不同耕作方式的碳排放。肖小平等(2007)以双季稻区早稻不同稻草还田方式田间试验为基础,采用静态箱-气相色谱法测定了三种稻草还田方式以及早稻期间的 CH_4、N_2O 排放速率。李成芳等(2011)研究了不同油菜秸秆还田量对免耕稻田温室气体排放和土壤碳固定的影响。伍芬琳等(2008)研究了保护性耕作对稻田 CH_4 排放通量及其温室效应的影响,为评价耕作措施对土壤固碳潜力和温室气体减排影响提供依据。黄光辉等(2011)以河北栾城县中国科学院农业生态系统试验站中不同耕作行为下的冬小麦田为研究对象,利用静态箱法测定翻耕秸秆还田、旋耕秸秆还田和免耕秸秆还田下冬小麦田 N_2O 的排放情况。成臣等(2015)以双季稻-紫云英为研究对象,利用静态箱-气相色谱法分别研究不同耕作方式对稻田 CH_4 和 N_2O 排放、双季稻产量、土壤固碳、稻田温室气体强度的影响。

(4)其他农业技术条件下的碳排放。王同朝等(2009)通过大田原位试验,研究了雨养条件下垄作覆盖保护性耕作技术条件对农田土壤 CO_2 排放的影响。袁伟玲等(2008)研究了间歇灌溉和长期淹灌模式下稻田 CH_4 和 N_2O 排放规律及其温室效应。刘晶晶等(2017)采用静态暗箱-气相色谱法对关中平原小麦-玉米轮作(2014—2015 年)农田 CO_2、CH_4 和 N_2O 排放通量进行了监测,并评估了不同灌溉量对关中平原农田温室效应、作物生产碳足迹的分布和构成的影响。

二、基于碳核算法进行估算的相关研究

碳排放量还可以通过碳核算(carbon accounting)法进行估算。相对于田间试验,碳核算法可以更加方便地进行区域汇总与对比,因此得到了越来越多的应用,特别是推动了社会科学领域碳排放核算的研究的开展。国外碳核算法的应用开始较早,国内的引入与应用则起步较晚,近几年的相关研究才逐渐增多。国际上,碳核算的方法主要有四种。

(1)IPCC 清单法。联合国政府间气候变化专门委员会(IPCC)编写的《国家温室气体清单指南》(简称《指南》)中提出了一套完整的温室气体清单法(简称 IPCC 清单法),这是国际上公认和通用的碳排放评估方法。《指南》将研究区域分为能源、工业过程和产品使用、农林和土地变化、废弃物处置四大领域,并对每一领域提出了不同的计算方法。考虑到各国实际情况的差异,碳排放因子也往往不同,IPCC 给出了不同生产工艺和不同国家的各种默认排放因子,方便直接采用并计算比较。IPCC 详细、全面地考虑了几乎所有的温室气体排放源,并提供了具体的排放原理和计算方法,但是,这一方法仅适用于研究封闭的孤岛系统的碳排放,而且是从生产角度计算研究区域内的直接碳排放,无法从消费角度计算隐含碳排放。这一方法目前主要用于国家整体尺度的碳排放计算与比较。如我国就在 IPCC 框架下对各部门的温室气体的排放进行了测算,并出版了《中华人民共和国气候变化国家信息通报》。

(2)生命周期评价(Life Cycle Assessment,LCA)法。除了 IPCC 清单法外,碳排放的核算方法大体分为“自下而上”(bottom-up)和“自上而下”(top-down)两种(Csutora 等,2017)。“自下而

上”法以生命周期评价(LCA)为主,是评估一个产品、服务、过程或活动在其整个生命周期内所有投入及产出对环境造成的影响的方法。生命周期评价法(LCA)的计算覆盖了产品生产“从摇篮到坟墓”(cradle-to-grave)的全生命周期过程,是一种基于过程(process-based)的分析方法。生命周期评价法(LCA)的分析框架成熟,计算过程规范、详细,测定结果可靠、准确,适用于微观层面碳排放的计算,目前主要用于产品或服务的碳排放测算,已被纳入 ISO 14000 环境管理体系。但是,由于在确定系统边界的过程中不可避免地存在截断误差,对数据的要求也较高,因此基本不适用于区域及以上尺度的计算。此外,当研究对象的排放行为涉及的排放过程过多时,会使计算变得相当困难(Müller 等,2013)。

(3)环境投入产出(Environmental Input Output,EIO)法。上述所指的“自上而下”法以环境投入产出(EIO)法分析为主,Leontief(1936)提出的投入产出(Input - output,IO)分析用于环境影响评价,通过编制投入产出表,运用线性代数构建数学模型,清晰地揭示了社会最终需求与各生产和再生产部门之间投入产出的复杂联系,可以节省大量的人力物力成本。但是,环境投入产出(EIO)法只能反映部门平均水平,计算过程粗略、不详细,难以针对具体产品,这一方法主要用于部门、区域和国家层面碳排放的计算。

(4)混合(hybrid)法或 LCA-EIO 法。生命周期评价(LCA)法和环境投入产出(EIO)法各有自身的优缺点:生命周期评价(LCA)法的测算更加精确且更容易确定系统边界,但是容易产生系统截断误差且对数据的要求较高;环境投入产出(EIO)法即使在缺少生产过程数据的时候仍能够进行计算,并且计算的成本较低,但计算粗略且不能针对具体产品。为了克服这些缺陷,学者们提出了将生命周期评价(LCA)法与环境投入产出(EIO)法相结合的第三种“混合型”评价方法（Crawford，2008；Heijungs 等，2006；Suh 等，2004）。混合法能够将两种计算方法的优点相结合，能够更加完整地反映研究对象的碳排放情况。

此外，与碳核算密切相关的一种方法就是碳足迹（carbon footprint，CF）法。碳足迹（CF）法属于生态足迹（ecological footprint，EF）法的范畴，生态足迹（EF）的概念由 Rees（1992）、Wackernagel 等（1996）提出，旨在通过比较人类活动消耗的自然资源与自然生态系统所提供的生态承载力（carrying capacity），定量地判断研究区域的可持续发展状态。作为温室气体测算领域的重要方法之一，碳足迹（CF）法在测算过程中会遵循生命周期评价法（LCA）的相关原则，但与生命周期评价（LCA）法又有一定的区别，碳足迹（CF）法与生命周期评价（LCA）法的关系与区别可参考 Jolliet 等（2016）的介绍。简言之，碳足迹（CF）法是生命周期评价（LCA）法在温室气体排放领域的特殊的应用。碳足迹（CF）法专门用来衡量特定行为所产生的直接及间接的温室气体排放总量或者是某个产品整个生产周期的温室气体排放量（Galli 等，2012；Wiedmann 等，2007）。碳足迹（CF）通常用 CO_2 的直接排放量表示，如果还包括其他的温室气体，则统一用 CO_2 当量（CO_2 - equivalence，简写为 CO_2 - eq.）表示，以全球增温潜势（Global Warming Potential，GWP）为基础进行 CO_2 与其他温室气体之间的碳当量转换。

三、农业碳排放量测算的相关研究

由于计算方法的限制，早期国内社会科学领域农业碳排放的研究局限于概念解释、内涵描述与战略分析等方面，如王松良等（2010）、齐晔等（2012）对中国低碳农业的内涵及其发展策略的分析。近几年,随着IPCC温室气体排放清单的提出与推广以及碳核算、碳足迹(CF)方法的逐步引入及应用,这一领域的实证研究逐渐增多,研究内容也日益丰富。在研究方法上,方恺(2015a,2015b)对足迹家族的相关概念及内容体系进行了介绍;耿涌等(2010)、王微等(2010)特别地对碳足迹(CF)法进行了详细的介绍与对比。在农业碳排放的应用介绍方面,田云等(2013a)重点对国内外农业碳排放问题的研究论点及其进展进行归纳、比较和述评,指出了相关研究的不足之处;刘巽浩等(2013,2014)对农田生态系统碳足迹(CF)法的误区、改进及应用进行了分析;张丹等(2016)收集了水稻、小麦、玉米这三种作物的22个研究结果,发现碳足迹(CF)仍有很大的不确定性。由国内相关研究所选用的方法来看,黄祖辉等(2011)运用LCA-EIO法测算了农业系统碳足迹(CF),少数研究采用了IPCC清单法,其他的绝大多研究均采用了生命周期评价(LCA)法从多个方面测算了农业的碳排放。

1. 基于IPCC清单法的农业碳排放测算

国内少数研究利用IPCC清单法对农业碳排放进行了测算。例如,张强等(2010)测算了中国农田土壤的N_2O排放量;谭秋成(2011)测算了中国农业温室气体(CO_2、CH_4、N_2O)排放量,主要碳源包括各种要素投入、水稻种植、畜禽养殖、田间管理等;郭旋等(2016)估算了华中粮食主产区1994—2013年种植业生产的碳排放量,温室气体包括N_2O、CH_4;王艺鹏等(2017)对1995—2014年中国主要农作物秸秆资源量、秸秆沼气化潜力及其温室气体(CO_2、CH_4)减排潜力进行计算,并分析了标准煤燃烧、秸秆直接燃烧及秸秆沼气燃烧的碳足迹(CF)。

2. 针对特定品种或种植区域的农业碳排放测算

除了上述少数利用IPCC清单法的研究外,多数利用生命周期评价(LCA)法对不同品种、区域、农业耕作技术产生的碳排放进行了测算与分析。

(1)特定品种的农业碳排放测算。陈琳等(2011)估算了蔬菜(小白菜、空心菜、苋菜、黄瓜、番茄)在农用化学品使用、农田人工管理、设施农事操作过程中,各个生产环节投入的碳成本以及碳排放强度。段华平等(2011)采用1990—2009年主要农作物产量、农田生产投入等统计数据,对中国农田生态系统碳排放、碳吸收和碳足迹(CF)进行估算。李波等(2011)基于主要农作物品种种植过程中的碳源(农用物资生产及使用、农机运用、农业翻耕、灌溉),测算了我国1993—2008年农业碳排放量。曹黎明等(2014)对上海市水稻生产碳足迹(CF)进行了评估,温室气体包括CH_4、N_2O。张婷等(2014)应用2001—2010年江西省主要农作物的统计数据,计算了农田生态系统碳源、碳汇及碳足迹(CF)。宋博等(2015)基于生命周期评价(LCA)法和多目标灰靶决策模型,利用2013年实地调查数据对北京市蔬菜生产系统碳足迹(CF)进行估算。陈中督等(2015)对2004—2012年湖南双季稻生产系统碳排放(N_2O、CH_4)、碳吸收和碳效率特征及其动态进行估算;碳排放源包括化肥、农药与农膜生产和使用过程中所导致的碳排放,灌溉与农业机械用电耗费化石燃料所形成的碳排放等。胡世霞等(2016)对湖北省2003—2013年蔬菜生产系统碳足迹(CF)进行了核算。孔立等(2016)以马铃薯为研究对象,以此为对照作物,根据2005—2013年农用柴油、化肥、农药、农膜的用量对马铃薯、玉米和小麦生产的碳排放进行核算并对比。王兴等(2017)基于2004—2014年水稻生产的统计数据,利用碳足迹(CF)法核算了中国水稻生产碳足迹(CF)及其变化趋势。刘宇峰等(2017)基于中国1993—2013年的农业统计数据,采用生命周期评价(LCA)

法、重心模型以及 GIS 等方法分析农作物生产碳排放(CO_2、N_2O)及碳足迹(CF)的时序变化、碳足迹(CF)重心的移动轨迹、碳排放和碳足迹(CF)的空间分布特征以及影响碳排放的主导因素。

(2)特定区域的农业碳排放测算。①单一地区的农业碳排放测算。田云等(2011)基于化肥、农药、农膜、农用柴油 4 个主要方面的碳源,测算了湖北省 1993—2010 年各地、市、州 2008 年的农业碳排放。祁兴芬(2012)依据 2001—2010 年农作物产量、耕地面积及农业投入等数据,对德州市农田生态系统碳汇进行估算并探讨农田生态系统碳源汇的影响因素。韩召迎等(2012)应用江苏省 1995—2009 年化肥用量、农药消耗量、灌溉面积、农机燃料用量、农膜用量、耕地面积、农作物产量等数据,测算了区域农田生态系统碳吸收、碳排放及碳足迹(CF)的变化动态,以及在各地市的空间分布特征。高标等(2013)基于化肥、农膜、农药、农用柴油和农村用电 5 个方面,计算了吉林省 1999—2011 年的农业碳排放量,分析了农业碳排放总量、组成结构以及农业碳排放强度的动态变化。尧波等(2014)对江西省县域农业碳排放进行了估算,并分析了 2000—2010 年江西省农业碳排放的时空动态及其影响因素,碳排放主要包括农药、化肥、地膜使用,农业灌溉,土地翻耕及农业机械消耗等途径。

周陶等(2014)对重庆市 1998—2010 年的农田系统碳排放量、碳吸收量及碳足迹(CF)进行了估算,主要碳源包括化肥、农药、农膜生产使用,农机使用,翻耕,灌溉,柴油生产使用,碳汇是农田系统所有农作物全生育期的碳吸收。吴金凤等(2015)估算了 1995—2012 年宁夏盐池县主要农作物生产的碳排放。王梁等(2016)依据 2002—2013 年山东省 17 个地级市农业投入、播种面积以及农作物产量等统计数据,对全省各地市农田生态系统进行碳排放(CO_2)、碳汇估算,并探讨造成碳源、碳汇时空变化的影响因素。唐廉等(2016)估算了2004—2014年重庆市酉阳县种植业生产的碳排放量及碳汇量,碳源包括化肥(氮肥、磷肥、钾肥)、农膜、农药的生产及使用产生的碳排放,农田灌溉及农业机械消耗能源的碳排放,秸秆燃烧产生的碳排放。张鹏岩等(2017)以主要农作物为例,测算了2005—2014年河南省农田生态系统碳排放(CO_2、CH_4、N_2O)、碳吸收和碳足迹(CF)及三者之间的关系。张志高等(2017)分析了河南省1993—2015年的农业碳排放及其时空演变。②多个地区的农业碳排放测算。谷家川等(2013)基于化肥、农药、农膜、农业灌溉、农地翻耕、农机运用、农作物收割后残留根系分解的7个主要碳源,测算出皖江城市带1991—2010年农业碳排放量。陈勇等(2013)对1995—2010年西南地区(四川、云南、贵州、重庆)农业生态系统碳排放、碳吸收和碳足迹(CF)进行了计算,并利用环境库兹涅茨曲线(EKC)模型对碳足迹(CF)与经济发展之间的关系进行了实证研究。王占彪等(2015)利用华北平原河北、北京、天津、山东、河南5个代表省(市)的47个市的耕地面积、农作物播种面积、产量、产值及作物生产投入等统计数据,估算了主要农作物生产的单位播种面积碳足迹(CF)、单位耕地面积碳足迹(CF)、单位产量碳足迹(CF)及单位产值碳足迹(CF)。黄晓敏等(2016)利用2004—2013年东北三省(辽宁、吉林、黑龙江)的农业投入产出数据,估算了水稻、玉米、大豆三类粮食作物的生产碳足迹(CF)。盖兆雪等(2017)对13个粮食主产区的主要农作物生产过程中的碳排放进行了测算,进一步分析了环境约束下的耕地利用效率及其时空演变特征。姚增福等(2017)以甘肃和广西两省的770家农户微观数据为样本,测算了主要农作物生产的碳排放量及农业环境技术效率。

3. 不同农业耕作技术的碳排放测算

史磊刚等(2011)基于河北吴桥县农户的生产调查数据,评价了华北平原冬小麦-夏玉米两熟种植模式的碳足迹(CF)。杨娟等(2015)将"小麦-水稻"轮作生产体系生命周期划分为原料开采、农资生产和农田种植三个阶段,对秸秆不还田、全量还田、半量还田3种还田量下,生命周期各阶段的能源消耗与温室气体排放进行了分析,并进行了温室气体增温潜势评价,温室气体主要有 CO_2、CH_4、N_2O。邓明君等(2016)测算并分析 2005—2013 年中国小麦、玉米、水稻的不同化肥施用行为所产生的碳排放及其时空演变与碳减排潜力。李萍等(2017)测算不同秸秆管理、耕作措施(秸秆不还田旋耕、秸秆还田旋耕、秸秆覆盖免耕)下,旱作冬小麦田 N_2O 的排放通量,估算不同措施的碳足迹(CF)。

4. 第一产业(即"大农业")的碳排放测算

部分学者对包括农林牧渔业在内的第一产业碳排放进行了测算。张大东等(2012)针对农地、林地、园地及动物养殖搭建农业系统碳源、碳汇评估框架,定量分析了 2000—2009 年浙江农业系统碳汇、碳源的主要构成及其变动趋势,温室气体包括 CO_2、CH_4。闵继胜等(2012b)结合农业生产中各种产品的温室气体排放系数,对 1991—2008 年中国农业生产的温室气体排放量进行了初步测算,测算对象包括水稻、玉米、小麦等主要作物及饲养的牲畜、家禽,温室气体包括 CH_4、N_2O。田云等(2013b)基于农用物资投入、稻田、土壤、牲畜养殖四方面 23 类主要碳源和以水稻、小麦为代表的 15 类主要农作物碳汇品种,测算了我国 1995—2010 年及 31 个省(市、自治区)2010 年的农业生产碳排量、碳汇量及净碳汇量,温室气体有 CO_2、CH_4、N_2O。张广胜等(2014)利用 1985—2011 年的时序数据分析了中国农业碳排放总量、结构和效率的变动特征，包括的碳排放活动有：水稻种植和畜禽肠道发酵产生的 CH_4，农田施用氮肥产生的 N_2O，农机消耗化石能源产生的 CO_2，生产电力和化肥等投入品产生的 CO_2，以及畜禽粪便管理和秸秆焚烧等农业废弃物处理活动产生的 CH_4、N_2O 和 CO_2。尚杰等(2015)基于 1993—2011 年的数据，测算了中国农业生产过程中的 CO_2、CH_4、N_2O 排放量，具体包括稻田的 CH_4 排放，施肥和土壤的 N_2O 排放，农田土壤、化肥、农药、农业机械和农业灌溉所产生的 CO_2 排放，以及畜牧业的 CH_4、N_2O 排放量。陈罗烨等(2016)以全国范围县级单元为研究对象，对 1991—2011 年的农业净碳汇时空格局变化规律展开了深入分析。吴贤荣等(2017)分析了中国 2002—2014 年 31 个省(市、自治区)农业碳排放增长驱动及减排退耦特征。一是农用物资投入(化肥、农药、农膜)所产生的 CO_2 排放；二是农业部门煤炭、原油、柴油、电能等能源消耗直接或间接导致的 CO_2 排放；三是水稻种植导致的 CH_4 排放；四是畜禽养殖引发的 CH_4 和 N_2O 排放。

四、农业碳排放的相关研究评述

国内学者分区域、分品种测算了农业碳排放量并分析了其分布特征，为了解农业碳排放问题提供了宝贵的文献支撑。但是，这些研究仍然存在一些不足之处。①测算第一产业碳排放时，未能将种植业分离出来，测算结果无法反映种植业碳排放状况；②测算种植业碳排放时，以单一区域为主，部分研究涉及到了多个区域的单一品种，少数研究针对全国范围的多个主要农作物品种，但却采用时间序列数据，这限制了样本容量大小，也无法反映碳排放的区域特征；③所有基于 CO_2 当量的研究(包括最新成果)，选取的全球增温潜势(GWP)指数仍以 2007 年 IPCC 第四次报告为准,但在2013年IPCC的第五次报告中这一指数已由“25”调整为“34”;④大多研究利用美国橡树岭国家实验室和部分国外学者提供的排放系数,这些国外通用的系数可能不适合中国的本土化应用;⑤多数研究基于化肥的平均碳排放系数测算化肥使用的碳排放,没有将其分为氮、磷、钾肥和复合肥进行分别计算;⑥多数研究没有考虑田间秸秆燃烧的影响,只有少数研究测算了秸秆燃烧碳排放,但在相关指数的选取方面也没有考虑地域差异。

针对现有研究的不足之处,本书根据数据的可获得性选取主要农作物,利用包括全国31个省(市、自治区)的长时间序列面板数据,利用中国生命周期数据库提供的碳排放系数与最新的全球增温潜势(GWP)指数,根据生命周期评价(LCA)法测算种植业的碳足迹(CF)。

第二节　生产率测算方法的相关研究进展及其评述

一、传统的生产率测算方法

生产率研究主要归功于Solow(1956)的开创性贡献,他提出的“索罗余值”将人均产出增长减去各生产要素增长后的未被解释的部分归为技术进步的结果,称其为技术进步率。Abramovitz(1956)将这一当时无法解释的余值称为“对我们无知的测度”。学者们尽量减少在构建投入与产出数量指标时的度量误差,试图通过不断降低余值来消除这种“无知”(Fried等,2008)。随着生产的复杂化与多样化,早期的偏要素生产率测度已经不能适用于多投入多产出情形,多要素生产率或全要素生产率(TFP)逐渐得到广泛应用，测算方法分为：①参数法（需设定函数形式及随机干扰项），如增长核算（growth accounting，GA）法、随机前沿分析（stochastic frontier analysis，SFA）法和回归分析法；②非参数法（无设定要求），如指数法、数据包络分析（data envelopment analysis，DEA）法；③参数与非参数相结合的半参数法，如新近提出的随机非参数数据包络（StoNED）法。其中，随机前沿分析（SFA）法及数据包络分析（DEA）法都涉及到生产前沿面估计。测算方法体系如表 2－1 所示。

表 2－1　效率与生产率测算方法

<table>
<tr><td colspan="2" rowspan="2"></td><td rowspan="2">参数法</td><td colspan="2">非参数法</td></tr>
<tr><td>凸面</td><td>非凸面</td></tr>
<tr><td colspan="2">中心趋势法
（回归分析）</td><td>普通最小二乘（OLS）法
Cobb 等（1928）</td><td>凸非参数最小二乘
（CNLS）法
Hildreth（1954）
Hanson 等（1976）</td><td>等张非参数最小二乘
（INLS）法
Ayer 等（1955）
Brunk（1955）</td></tr>
<tr><td rowspan="3">前沿面法</td><td>符号限定</td><td>参数规划（PP）法
Aigner 等（1968）
Timmer（1971）</td><td>数据包络分析（DEA）法
Farrell（1957）
Charnes 等（1978）</td><td>自由处置核（FDH）法
Afriat（1972）
Deprins 等（1984）</td></tr>
<tr><td>两阶段估计</td><td>矫正最小二乘（COLS）法
Greene（1980）</td><td>矫正 CNLS（C^2NLS）法
Kuosmanen 等（2010）</td><td>矫正 INLS（CINLS）法
Keshvari 等（2013）</td></tr>
<tr><td>随机</td><td>随机前沿分析（SFA）法
Aigner 等（1977）
Meeusen 等（1977）</td><td>随机非参数数据包络
（StoNED）法
Kuosmanen 等（2012）</td><td>非凸 StoNED 法
Keshvari 等（2013）</td></tr>
</table>

注：PP 指 parametric programming；COLS 指 corrected ordinary least squares；CNLS 指 convex nonparametric least squares；C^2NLS 指 corrected convex nonparametric least squares；INLS 指 isotonic nonparametric least squares；FDH 指 free disposal hull；CINLS 指 corrected isotonic nonparametric least squares。

(1)增长核算(GA)法。即产出增长超出加权要素投入增长的部分,要估计各要素对产出增长的贡献系数,然后再求解全要素生产率(TFP)增长。贡献系数的算法有:①将生产函数估计出的要素的生产弹性作为贡献系数估计值;②以各要素报酬占净产出比重作为贡献系数近似值;③政府发文或已有文献的总结预设(经验法)。

(2)指数法。根据全要素生产率(TFP)的原始定义将其表示为产出数量指数与所有要素加权指数的比率。根据加权方法的不同分为:①Divisa 指数,采用要素成本份额作为要素贡献权重;②Tornqvist- Theil 指数,Divisa 指数的不连续逼近;③ Paasche、Laspeyres 和 Fisher 指数。指数法直观体现了全要素生产率(TFP)内涵,没有明确生产函数形式且暗含要素之间可完全替代、边际生产率恒定,缺乏一定合理性。

(3)随机前沿分析(SFA)法。随机前沿分析(SFA)法最初由 Aigner 等(1977)提出,首先确定函数形式,然后计量估计前沿生产函数,继而求出实际产出与潜在产出比值(技术效率)。早期确定性前沿面假定存在一个确定上界生产函数,将气候、统计误差等不可控因素与可控因素全部纳入一个单侧误差项,作为技术非效率的反映。后来的随机前沿面将生产前沿面看作可控确定性因素与不可控随机因素共同作用的结果,将技术非效率项和随机误差项称为复合误差项。随机前沿分析(SFA)法通过对技术非效率项分布和生产函数形式的不同设定,衍生出了多种具体模型。

(4)数据包络分析(DEA)法。数据包络分析(DEA)法利用线性规划和对偶原理确定生产前沿面,通过比较非有效的生产单位偏离有效生产前沿面的程度来评价各生产单位的相对效率。数据包络分析(DEA)法由数据驱动,无需确定生产前沿面的具体函数形式和技术非效率项的分布形式,就能很好地与经济学生产理论的集合论结合,形成一个独具特色的理论体系。Malmquist 生产率指数的应用最广泛,基于相乘结构构造,可以方便地分解为技术进步和技术效率变化。Chambers 等(1996)、Diewert(2005)等还提出了基于加减结构的 Luenberger 生产率指数。

二、环境生产率(或绿色生产率)的测算方法

这一领域大多根据数据包络分析(DEA)法测算框架展开。学者们提出三种处理污染排放的思路:一是视其为投入;二是视其为与期望产出相同的可自由处置产出;三是视其为弱处置性非期望产出。Chung 等(1997)提出了基于方向性距离函数(DDF)的 Malmquist - Luenberger 指数(简称 ML 指数),可同时考虑期望产出提高和非期望产出减少的情形。传统 ML 指数基于径向与角度的层面展开,对两种产出增加进行同比例的径向处理,无法剔除投入产出松弛所造成的非效率成分。Tone(2001,2003)构造的基于松弛变量测度(slack - based measurement,SBM)的数据包络分析(DEA)技术有效地弥补了这一缺陷。Färe 等(2010)提出了更加一般化的 SBM-DDF。为消除生产率测算中出现的技术伪倒退(spurious regress),Shestalova(2003)提出了 Sequential - DEA。Oh 等(2010)将其加入 ML 中形成 SML 指数。Pastor 等(2005)以所有测算时期作为前沿面参照基准,提出了基于全局的(global)的测算技术,解决了传统指数不循环、无解的情况,并能有效克服技术倒退的情况。Oh(2010)将其应用到 ML 框架中从而形成了 GML 指数。此外,还产生了 generalized、fixed、window、network 技术的生产前沿面测度,各前沿面与方向性距离函数(DDF)组合衍生出了各种数据包络分析(DEA)方法。这些方

法各有优缺点，其估算技术还在不断地演进中。

少数学者基于增长核算（GA）测算绿色生产率。Brandt 等（2013，2014）提出了包含自然资源投入及污染排放产出的增长核算（GA）模型，自然资源包括土壤中的铜、铅、镍、磷等，污染排放物包括 CO_2、SO_x、NO_x。经过 Rodríguez 等（2016）的扩展，模型包括的自然资源达到 14 种，非期望产出（主要是温室气体及空气污染物）达到 8 种。Dang 等（2014a，2014b）分析了空气污染物（CO_2、SO_x、NO_x、PM_{10}）对生产率的影响。

三、农业全要素生产率（TFP）的相关研究

全要素生产率（TFP）衡量产出增长排除投入增长的剩余部分，包含要素投入粗放扩张外各因素的累计增长效应，更能反映农业增长的真实情况。因此，通过全要素生产率（TFP）认识农业发展状况格外地受到学者们的推崇。改革开放以后，农村地区普遍实行了家庭联产承包责任制，国外许多学者研究了这项制度对农业的影响，尤其关注生产率的变化，多数认为改革的影响显著而短暂（Lin，1992；McMillan 等，1989）。国内学者的研究起始于对科技进步贡献率的测算，大多认为投入增长是农业增长的主要动力，但并未带来增长方式的根本性转变（徐会奇等，2011；赵芝俊等，2006；朱希刚，2002）。随着认识的深入，学者们逐渐拓展了对农业全要素生产率（TFP）的研究。

（1）利用随机前沿分析（SFA）法，黄金波等（2010）利用 1978—2008 年间我国 30 个地区的面板数据，对粮食生产进行了随机前沿分析，进一步分析了粮食生产技术效率的影响因素，发现 31 年间全要素生产率（TFP）的平均增长率为 1.17%，全要素生产率对粮食产量的贡献很小。陈静等（2013）实证分析了 1999

年以来中国油料作物主产区的全要素生产率增长及其构成成分，对其技术效率背后的影响因素进行估计，发现油菜的全要素生产率增长最快，花生的全要素生产率增长相对平稳，田伟等(2011)利用1997—2009年中国13个主要棉花产区的投入与产出的面板数据，对棉花生产全要素生产率增长率的波动与地区差异进行分析，发现棉花全要素生产率的增长主要是规模效率、技术效率的改进和技术进步带来的，而配置效率则出现了下降。司伟等(2011)采用12个大豆生产省(市、自治区)25年的数据分析了中国大豆生产全要素生产率、技术效率和技术进步的变动趋势及其空间分布特征，发现大豆的全要素生产率年均增长1.5%且呈下降趋势，技术效率年均下降0.5%，技术进步率年均下降约为2%。

(2)利用数据包络分析(DEA)法及Malmquist指数，李周等(2005)分析了西部地区县域层面上农业生产的效率，包括规模效率、技术效率及全要素生产率的变化，并分析了规模效率、技术效率及全要素生产率与农业可持续性的关系，认为西部地区农业生产如果依靠外界投入、产生规模效益时，将导致农业可持续性的下降，而规模效率递减的情况下，将有助于农业可持续性的增强。陈卫平(2006)研究1990—2003年中国农业全要素生产率及其构成的时序成长和空间分布特征，发现期间农业全要素生产率年均增长2.59%，其中农业技术进步指数年均增长5.48%，而农业效率变化指数反而年均下降2.78%；除云南、内蒙古、上海、贵州和西藏的农业全要素生产率是负增长外，其他24个省(市、自治区)的农业全要素生产率都实现了正增长。李谷成等(2013)利用固定窗式数据包络分析(DEA)法重新核算了转型期中国农业全要素生产率，发现转型期中国农业全要素生产率增长显著，对农业增长呈顺周期贡献特征，各地区空间差异性明显，并主要由前沿技术进步贡献，技术效率基本处于恶化状态。

(3)空间地理分析方面，王珏等(2010)运用 Malmquist 指数对中国各地区 1992—2007 年的农业全要素生产率进行了测算，并建立了空间计量模型对影响中国各地区农业全要素生产率的因素进行了实证分析，发现地理因素、土地利用能力、工业化进程、对外开放和科技水平对中国农业全要素生产率增长具有显著影响，而电力利用水平、自然环境、需求因素对农业全要素生产率增长的影响并不显著。石慧等(2011)使用非参数的双边相对 Malmqutis 指数测算了中国 28 个省(市、自治区)农业全要素生产率水平，在控制地区空间因素的基础上研究生产率地区差异趋势及其影响因素，发现各地区的农业全要素生产率水平存在局部空间相关性，地区工业化和城市化能够显著促进生产率水平的提高，人力资本的作用在不同的样本时期有差别，对外开放、市场化程度和农业科研投入的作用不明显。

(4)指数法方面，郭亚军等(2011)利用中国 10 个苹果主产区 2001—2009 年生产投入产出的面板数据，运用非参数 HMB 指数对苹果生产的全要素生产效率变动进行分解分析，明确各指数的时序变动趋势特征和空间分布特征，发现 HMB 指数在此期间出现波动且呈总体小幅增长的趋势，技术进步效率指数的影响最大，但对于全要素生产率的促进作用在减弱；规模效率低是影响全要素生产率增长的主要原因。赵文等(2011)使用索罗余值法和 Törnqvist-Theil 指数法，在修正投入和产出数据的基础上，重新考察了 1952—2009 年中国农业全要素生产率，发现 1985—2009 年农业全要素生产率年均增长 1.2%～1.7%，并没有高速增长的特征，农业增长主要是由投入驱动，技术进步的贡献较小。郭萍等(2013)利用中国省级面板数据，采用 Färe-Primont 指数测度了中国农业全要素生产率，进而采用夏普理值(shapley value)不平等分解法对生产率的地区差异进行了测度与分解，发现农业全要素生产率地区差异的57%来自农业剩余混合效率地区差异的贡献。

此外，在收敛性分析方面，学者们对农业全要素生产率增长绝对收敛、条件收敛和俱乐部收敛情况进行了检验，但并没有取得共识(李谷成，2009d；赵蕾等，2007)。

目前，以生产前沿面估计为基础的全要素生产率测算技术占据主导地位。其中，参数估计以随机前沿分析(SFA)法为代表，通过确定生产函数形式并进行计量回归，估计出各参数系数，进而测算全要素生产率的增长；非参数估计以数据包络分析(DEA)法为代表，估计的时候不需要具体的函数形式。国内随机前沿分析(SFA)法的研究起步较早，但数据包络分析(DEA)法的应用更加广泛。在随机前沿分析(SFA)法估计方面，李谷成等(2007)对湖北省农户家庭经营的全要素生产率、技术效率作了较为系统的分析；石慧等(2009)测算了各地区不同年份的要素弹性；朱喜等(2011)分析了要素配置扭曲与农业生产率的关系；余康等(2011)结合随机前沿分析(SFA)法和夏普理值法测度了农业全要素生产率；黄金波等(2010)利用1978—2008年30个省(市、自治区)的面板数据，对我国粮食生产进行了随机前沿分析，并对粮食生产技术效率进行了影响因素分析，发现农业基础设施建设和制度因素是影响我国粮食生产技术效率的关键因素，我国粮食产量增长主要是由投入要素的增长拉动，全要素生产率对我国粮食产量的贡献很小。相对而言，更多学者选择了基于非参数数据包络分析(DEA)法的Malmquist指数展开研究。李周等(2005)分析了西部地区县域层面的农业全要素生产率(TFP)；陈卫平(2006)研究了 1990—2003 年全要素生产率(TFP)及其构成的时序成长和空间分布特征;方福前等(2010)利用 Malmquist 指数和面板两阶段 OLS 分析了农业全要素生产率(TFP)指数及其构成;王珏等(2010)将 Malmquist 指数与空间计量模型相结合,对 1992—2007 年的农业全要素生产率(TFP)进行了测算;王兵等(2011)运用 SBM - Luenberger 指数测度了 31 个省(市、自治区)1995—2008 年的农业全要素生产率;全炯振(2009)将随机前沿分析(SFA)法与 Malmquist 指数相结合分析了各地区农业全要素生产率变化及空间分布;石慧等(2011)利用双边相对 Malmquist 指数测算了中国 28 个省(市、自治区)农业全要素生产率;李谷成等(2013)利用 Window - Malmquist 指数对农业全要素生产率进行了重新核算与分解。高帆(2015)对 1992—2012 年省际农业全要素生产率收敛性及其影响因素进行了分析。此外,针对不同农产品的应用研究则更多。如闵锐(2012)使用湖北省 2004—2010 年的县域面板数据,对全面落实粮食补贴政策和免除农业税以后的粮食生产进行分品种全要素生产率核算与分解,并讨论了粮食增长的主要贡献来源、变化特点与发展趋势,发现湖北粮食生产的生产率增长主要体现为技术进步单独驱动的模式,技术效率改进的作用相对有限;粮食生产增长的贡献来源仍然主要为生产要素投入,生产率的贡献较小。张冬平等(2005)利用我国小麦生产成本收益数据,分析了 20 世纪 90 年代以来我国小麦全要素生产率及其构成的变化趋势及特点,探讨了我国小麦生产效率下降的原因及提高的途径。王明利等(2006)运用 Malmquist 指数对我国不同种类水稻,从生产率增长、技术进步、技术效率方面分析了其时序变动趋势和空间分布特征。杨春等(2007)利用 Malmquist 指数分析了中国玉米生产率增长状况,发现 1990—2004 年玉米生产率的平均增长率为3.7%，技术进步率为2.9%，技术效率为0.7%，技术进步构成推进生产率增长的主要因素，而技术效率的下滑却减缓了其增长，中国东北地区和西北地区的玉米生产效率水平相对要高于华北地区和西南地区。

四、农业环境全要素生产率(ETFP)的相关研究

上述研究增进了对农业增长内涵的理解，但是，忽略环境因素可能高估了增长绩效从而不能反映其真实情况。在农业与环境方面，虽然针对全国范围、典型地区或特定流域的研究很多，但大多集中在农业污染物测算、非点源污染的现状、成因及应对措施等方面。这些研究不能建立起农业增长与污染之间的动态联系。近几年，部分学者验证了农业环境库兹涅茨曲线(EKC)的存在性。例如，陈勇等(2010)利用排污系数法测算了陕西省1990—2008年禽畜粪尿和农村生活污染排放总量，并建立环境库兹涅茨曲线(EKC)模型，发现单位耕地面积的禽畜粪尿和农村生活污染的污染负荷总量与农村居民人均纯收入之间的倒"U"形曲线关系不显著。杜江等(2013a)以农业生产中污染性要素(化肥、农药和农用塑料薄膜)的投入为例，利用1997—2010年省际面板数据，运用简约式与结构式模型，实证分析了农业经济增长对环境的影响，发现化肥、农药投入与以人均收入表示的农业增长之间存在倒"U"形曲线关系。李海鹏等(2009b)运用1998—2006年我国31个省(市、自治区)面板数据模型对经济发展与农业面源污染的环境库兹涅茨曲线(EKC)关系进行实证研究，选取各省(市、自治区)化肥投入密度、农药投入密度、畜禽粪尿排泄物密度作为度量农业面污染源排放量的指标，发现面源污染源排放量与经济增长总体上具有显著的倒"U"形曲线关系，三类污染源与人均GDP均

处于曲线上升阶段,自发到达农业面源污染减排拐点还需较长时间。李太平等(2011)利用1990—2008年的面板数据,对中国化肥投入面源污染的库兹涅茨曲线进行验证,发现化肥投入面源污染与宏观经济增长之间存在典型的倒“U”形曲线的关系。向涛等(2015)利用2002—2009年农地禀赋与化肥投入强度的72国面板数据,运用动态面板数据方法研究了粮食安全状况对农业面源污染的影响机制,发现人均国民收入对化肥投入强度的影响呈倒“U”形,这对总体样本和发展中国家都成立。向涛等(2014)利用1990—2009年的跨国面板数据,建立固定效应模型研究了粮食安全状况对食品安全的影响,以及贸易在这二者关系中的作用,发现人均国民收入对农药使用强度的影响呈库兹涅茨曲线形式,反映出粮食安全和食品安全的相对重要性随着国民收入的增长而转变。张晖等(2009)根据曲劳(Truog)的养分平衡法理论,选取江苏省1978—2007年的农业生产数据,建立江苏省经济发展水平与过剩氮污染的经济计量模型,发现人均过剩氮排放量和经济增长之间存在显著的倒“U”形曲线关系。部分研究利用结构式因素分解模型进行分析。例如,葛继红等(2011)运用江苏省1978—2009年数据对农业面源污染的经济影响因素进行实证分析,发现农业经济规模扩大、农业结构中养殖业比重上升和种植业比重下降、种植业结构中经济作物比重上升和粮食作物比重下降以及农村人口规模扩大均会增加农业面源污染物排放量,农业技术进步以及农业面源污染治理政策的实施却能够有效降低农业面源污染物排放量。梁流涛等(2013)利用1990—2010年省际面板数据探讨农业面源污染演变的内在驱动机制,发现面源污染演变受规模效应、结构效应和减污效应的共同影响,规模效应对农业面源污染的影响为正,结构效应导致农业面源污染的加剧,技术进步和经济发展的减污效应开始初步发挥作用，二者都能有效减少农业面源污染。此外，张智奎等（2012）运用协整检验和格兰杰（Granger）因果检验方法，考察了 1992—2009 年三峡库区重庆段经济发展与农业面源污染之间的相互关系，发现经济增长是影响农业面源污染的主要原因，种植业、养殖业和农村生活三大类污染源排放量与农村经济发展之间都具有协整关系。

上述研究在一定程度上弥补了先前研究的不足，但是，这些文献数量很少且存在以下不足：①倾向于将化学品投入量直接作为污染变量，忽视了农业生产中过量使用后流失（渗透）的养分才构成污染的事实；②少数将流失成分作为污染变量的研究，包含的种类太少、研究对象单一，无法更加全面地反映农业发展状况；③仅仅刻画出要素投入（污染排放）的时空变化轨迹，不能将环境约束整合到农业增长评价框架中，对农业增长的绩效未能提供更多信息。由此来看，在农业发展与环境约束的整合分析方面还需要从全要素生产率（TFP）角度进行更深入的实证分析。

实际上，在理论准备方面，国外学者在较早时候就对传统全要素生产率（TFP）分析框架及测算技术进行了拓展，从而将资源环境约束考虑进来。①在分析框架上，引申出三种处理污染排放的思路：一是视其为投入；二是视其为与期望产出相同的可自由处置产出；三是视其为弱处置性非期望产出。随着实证分析的深入，更多学者倾向于采用第三种方式。特别地，Chung 等（1997）提出了基于方向性距离函数（DDF）的生产率测度指数——Malmquist Luenberger（ML）之后，可在测算框架中同时考虑“期望产出”提高和“非期望产出”减少的情形，具有传统 Malmquist 指数的所有良好特性且可方便地进行分解。之后利用 ML 指数的实证研究越来越多。②在实证分析方面，基于 ML 指数的研究无不与数据包络分析(DEA)测算技术的总体演进密切相关。传统ML指数测算受"径向的(Radial)"及"导向的(Oriented)"选择的制约,若对非期望产出减少和期望产出增加进行同比例的径向处理,则无法剔除投入产出松弛所造成的非效率成分。Tone(2001,2003)先后构造了基于松弛变量测度(SBM)的数据包络分析(DEA)技术并将其整合到ML框架,有效地测度了环境技术效率。Färe等(2010)、Fukuyama等(2009)提出了更加一般化的SBM-DDF。为了消除生产率测算中出现的技术"伪倒退"现象,Tulkens等(1995)提出了DEA"贯序技术(Sequential Technology)"。Oh等(2010)将贯序DEA加入ML框架中形成SML指数,以便在贯序思路下分析环境约束下的全要素生产率(TFP)。Pastor等(2005)进一步地以所有测算时期作为前沿面参照基准,提出了Global测算技术,Oh(2010)再次将其应用到ML框架中从而形成了GML指数。近些年,基于Global技术计算的生产率指数逐渐增多(Afsharian等,2015;Kao等,2014)。Global技术基于分析样本的所有时期及所有观测值确定Global技术前沿面,使得计算出来的指数更加简单。

数据包络分析(DEA)环境绩效评价主要应用在工业及城市领域,农业领域也不乏有一些开创性的实证测度与真知灼见。这些研究均认为传统的Malmquist指数高估了农业增长的真实绩效,应把农业污染变量整合到Malmquist指数中,其结果就是农业增长的ML指数较Malmquist指数有一定程度的降低,有时甚至非常显著(Ball等,2004;Chen等,2007;Falavigna等,2013)。受国外研究的影响,国内近几年有关农业环境效率(EE)、环境全要素生产率(ETFP)的研究逐渐出现,不仅数量很少且研究内容、方法与结论等存在较大差异。按"非期望产出"选择的差异,这些研究可分为两类：第一，少数文献以农业碳排放为约束（如 CO_2、CH_4、N_2O）分析农业增长的环境技术效率（ETE）变化、减排效率或影子价格，较少涉及碳排放约束下的农业环境全要素生产率（ETFP）。例如，曾大林等（2013）使用 2000—2010 年的面板数据利用三步法分析了中国低碳农业的发展状况，发现化肥和农膜是农业碳排放的主要源头，各省（市、自治区）的低碳农业发展绩效满足“波特假说”且面板数据下的效率值存在收敛性。高鸣等（2014）利用 2000—2011 年 30 个省（市、自治区）的面板数据计算了农业碳排放绩效，发现各地区的农业碳排放绩效在这 12 年间都有所提高，农业贸易开放对农业碳排放绩效有明显的推动作用，人力资本质量和数量的提高都对农业碳排放绩效有着积极推动作用。高鸣等（2015）发现 1999—2010 年中国农业碳排放绩效的 ML 指数有了很大的提高，其中起到最主要贡献作用的是技术进步，而效率变化的贡献度非常小。钱丽等（2013）测算了 2004—2010 年中国 30 个省（市、自治区）农业生产效率，发现农业生产效率有所提升，但仍处于较低水平；全国有 60% 的省（市、自治区）农业资源利用模式为低经济、低环境效率型，这些地区主要来自于中西部。田伟等（2014）对 2002—2012 年中国农业环境效率进行了测算和无效率来源的分解，发现东部地区的农业环境效率总体较高，各地区的农业环境效率主要受生产特征、技术条件和社会结构等因素的影响；全国农业碳排放的中心已由东部转移到中部，中部地区农业生产碳减排的潜在规模较大。吴丽丽等（2013）重新估算了碳排放约束下油菜主产区 1985—2010 年的全要素生产率，发现我国油菜全要素生产率年均增长 1.76%，生产率增长主要依靠前沿技术进步贡献，技术效率改善的作用不明显。吴贤荣等（2014b）发现农业碳排放效率变动存在省域差异，产业结构、耕地面积构成情况及农业受灾程度对农业碳排放效率有显著负向作用,对外开放程度、劳动力文化水平与农业碳排放效率呈显著正相关。第二,将农业生产中的化学需氧量(COD)、总氮(TN)、总磷(TP)等排放物作为环境约束探讨农业增长的环境技术效率(ETE)或环境全要素生产率(ETFP)(表 2-2)。

五、经济增长转型测量方法的相关研究

转变经济发展方式,首先在微观上需要推动投入要素配置方式的转变,提高全要素生产率(TFP),由全要素生产率(TFP)对产出贡献所度量的发展质量成为判断经济可持续发展的主要标准(陈诗一,2012)。测度全要素生产率(TFP)的方法主要有参数方法和非参数方法,从研究内容上,划分为包括资源环境因素和不包括资源环境因素。

(1)参数方法中,均针对全要素生产率(TFP)对经济增长的贡献而展开,没有考虑环境因素。这些研究,大多利用增长核算(GA)法或索罗余值法计算全要素生产率(TFP),根据经验取值或柯布-道格拉斯生产函数(C-D)得到各投入要素的弹性后,计算生产要素以及生产率对产出增长的贡献,进而通过两者的相对大小判断经济发展方式。用这种方法的典型研究有很多,如李京文等(2007)利用要素投入增长与弹性之积和生产率增长占当年产出增长的份额,表示要素投入增长和生产率增长对产出增长贡献的份额。李京文等(1996)按照 1995 年《中国统计年鉴》数据及 1996 年《中国统计摘要》的数据,重新测度了 1952—1995 年中国的生产率变化,进一步估算了生产率对经济增长的贡献份额。李国璋等(2010)利用 1978—2007 年的省级面板数据估计了我国的资本产出弹性及各省(市、自治区)历年的全要素生产率水平,发

表 2-2 相关研究文献汇总

文献出处	研究对象	污染单元	污染物	方法与内容	ETFP	ETE	TC
薛建良等(2011)	农林牧渔	化肥、牲畜、固废、生活	COD、TN、TP	C-D;ETFP	3.47%	—	—
李谷成等(2011a)	农林牧渔	化肥、固废、牲畜、水产	COD、TN、TP	ML;ETFP	0.44%	0.18%	0.26%
杨俊等(2011)	农林牧渔	化肥、牲畜	COD、TN、TP	ML;ETFP	1.8%	−0.3%	2.1%
王奇等(2012)	种植业	化肥	N、P(笔者折算)	M;ETFP	5.61%	−0.15%	5.77%
闵锐等(2012)	粮食	未说明	COD、TN、TP	SML;ETFP	0.93%	−0.08%	1.01%
韩海彬等(2013)	农林牧渔	化肥、固废、牲畜、生活	TN、TP	ML;ETFP	1.89%	−0.43%	2.33%
潘丹等(2013c)	农林牧渔	化肥、固废、牲畜、水产	COD、TN、TP	ML;ETFP	2.9%	0.1%	2.8%
李谷成(2014)	农林牧渔	化肥、固废、牲畜、水产	COD、TN、TP	SML;ETFP	2.94%	−2.95%	6.08%
汪慧玲等(2014)	粮食	化肥、固废	TN、TP(笔者折算)	ML;ETFP	—	—	—
崔晓等(2014)	农林牧渔	化肥、农药	N、P;物料平衡	M;ETFP	4%	0.218%	—
李谷成等(2011b)	农林牧渔	化肥、固废、牲畜、水产	COD、TN、TP	SBM-SE;ETE	—	0.45	—
梁流涛等(2012)	农林牧渔	化肥、牲畜、固废、生活	COD、TN、TP	DDF;ETE	—	0.692	—
沈能等(2013)	农林牧渔	未说明	COD、TN、TP	SBM-ME;ETE	—	—	—
梁流涛等(2012)	农林牧渔	化肥、牲畜、固废、生活	COD、TN、TP	DDF;ME	—	0.692	—
李静等(2012)	农林牧渔	未说明	COD、TN、TP	DDF;ETE	—	—	—
张屹山等(2014)	农林牧渔	化肥、农药	N、P;物料平衡	SBM;ETE	—	0.26%	—

注:①DDF 指 Directional Distance Function,M 指 Malmquist,ML 指 Malmquist Lunberger,SBM 指 Slack-based Measure,SML 指 Sequential Malmquist Lunberger;②SE 指 Super-Efficiency,ME 指 Meta-Efficiency;③C-D 指柯布-道格拉斯生产函数;④ETE 指 Environmental Technical Efficiency,ETFP 指 Environmental Total Factor Productivity,TC 指技术进步;⑤如无特别说明,污染元素均用单元调查法核算。

现要素投入的贡献程度自20世纪90年代以来逐渐下降,但生产率的作用则不断提高。蔡跃洲等(2017)对1978—2014年中国经济增长的来源进行细致剖析,发现经济增长整体质量较高,增长动力约1/3来自技术水平的普遍提升,而结构效应的作用仅为技术效应的1 /5;要素驱动特征不断强化,至2014年才出现扭转迹象;宏观和产业TFP增长是未来保持中国经济中高速增长、提高经济增长质量的重要支撑。朱子云(2017)基于中国1980—2014年三次产业的时间序列数据,发现2008年以来全要素生产率贡献缩减是经济增长大幅减速的最主要因素;要素规模增长率下降与产出弹性缩减的双重挤压导致资本和劳动力规模贡献下滑;资本和劳动生产率增长双减速是造成全要素生产率大幅下降的主导因素;全要素生产率增长动力从以产业要素生产率的提升为主转向以产业之间要素配置结构的优化为主。还有学者研究了全要素生产率(TFP)对地区增长差距的贡献。例如,李静等(2006)借鉴较新的增长核算方法估计中国地区全要素生产率(TFP),并计算了要素投入差异和全要素生产率(TFP)差异对地区差距的贡献度,发现全要素生产率(TFP)的差距也是解释中国地区差距最主要的根源;傅晓霞等(2006)根据索罗余值核算分析了要素投入和全要素生产率对改革开放以来中国地区经济发展差异的影响,发现1978—2004年经济差异主要来源于要素积累而并非全要素生产率,前者的贡献份额大约是后者的3倍,1990年以后要素投入对地区差距的贡献正在快速下降,全要素生产率的作用持续提高,成为今后地区差距的关键性因素。

厉无畏等(2006)将经济增长集约化水平定义为全要素生产率(TFP)增长率对经济增长率的贡献。这一定义将经济增长视为要素投入和全要素生产率(TFP)增长的结果,要素投入和全要素生产率(TFP)对经济增长的贡献呈现出此消彼长的特点。唐末兵等(2014)将经济增长集约化水平界定为全要素生产率(TFP)增长率对经济增长率的贡献与生产要素(资本和劳动)增长率对经济增长率的贡献之比。吴延瑞(2008)用"TFP/产出"比率给出了全要素生产率(TFP)增长占产出增长的份额,数据使用每期的均值来计算。

(2)非参数方法(主要是数据包络分析方法),由于不需要设定生产函数形式从而有更大的灵活性,越来越受到学者的推崇。用非参数法分析生产率对增长的贡献的研究成果近年来也越来越多。例如,涂正革(2007)采用 Malmquist 指数和 DEA 技术研究中国 28 个省(市、自治区)大中型工业的动力,分析发现 1995—2004 年大中型工业平均增长 15.5%,其中全要素生产率增长拉动工业增长平均为 9.2%,贡献率约 60%,对工业增长的贡献从 1996 年的－9.6%上升到 2003 年的 18.2%,而资本和劳动投入增长对产出增长的综合贡献从 1996 年的13.5%下降到 2004 年的 0.7%;全要素生产率中技术进步和规模效率的改善对产出增长的贡献日渐突出。梁泳梅等(2015)采用新的经济增长非参数核算方法测算了 1978—2013 年的中国经济增长来源,发现要素投入尤其是资本投入是中国经济增长的主要来源,在 2005 年前的很长一段时间里,中国东北部、中部与西部地区经济增速落后于东部地区,全要素生产率及要素投入都是造成地区增长差距的重要因素;近年来其他地区相对于东部地区的经济增速差距已缩小甚至实现了对后者的"赶超",主要得益于要素投入贡献的快速提高。查建平等(2017)构建了测算旅游经济增长源泉的非参数分解框架,利用 2005—2012 年 30 个省(市、自治区)的数据,发现全要素生产率(TFP)对旅游经济增长的贡献正逐步超过资源要素投入,成为推动中国旅游经济增长的主要源泉,相应贡献率从2006年的49.01%上升到2012年的82.18%,其中技术进步是全要素生产率贡献攀升的关键,技术效率特别是规模效率对旅游经济增长的贡献相对较小,且处于下滑态势,纯技术效率的影响微乎其微,资源要素投入的贡献率则从2006年的50.99%下降到2012年的26.52%。董敏杰等(2013)指出,Malmquist指数的经济含义为考察期与基期全要素生产率(TFP)水平的相对值,将M值减去1就得到全要素生产率(TFP)增长率,如果将其直接视为全要素生产率(TFP)对经济增长的贡献,再与产出增长率相比即可得到全要素生产率(TFP)对经济增长的贡献份额;仅利用Malmquist指数近似估算全要素生产率(TFP)对经济增长的贡献,所得到的结果并不是十分精确。

在非参数分析框架中,部分研究考虑了资源环境因素,并分析了环境生产率对经济增长的贡献。例如,涂正革等(2009)对中国30个省(市、自治区)1998—2005年规模以上工业企业数据解析其增长的源泉,发现环境全要素生产率已成为中国工业高速增长、污染减少的核心动力,产业环境结构优化对经济增长、污染减少的贡献日益增大,逐步成为中国工业增长模式转变的中坚力量。陈诗一(2010c)基于方向性距离函数对改革开放以来中国工业全要素生产率进行了重新估算,发现改革开放以来中国实行的一系列节能减排政策有效地推动了工业绿色生产率的持续改善,特别是从20世纪90年代中期到本世纪初,中国工业绿色生产率增长最快并达到顶峰,且重工业生产率、效率和技术进步增长首次全面超过轻工业,初步彰显环境政策的绿色革命成效。李婧等(2013)利用1985—2010年全国27个省(市、自治区)投入产出面板数据,运用基于方向性距离函数(DDF)的ML指数和增长核算法，对我国经济低碳转型绩效进行了评估，发现绿色全要素生产率(GTFP)增长主要来源于技术进步，同时也是经济增长的重要驱动力之一。考察期内我国经济低碳转型绩效明显，受边际转型成本影响近年来有趋缓回落趋势，我国仍属于资本和能源双重驱动的粗放型经济增长方式。刘瑞翔(2013)基于绿色增长核算框架，利用1989—2010年中国省际数据对中国整体及各地区经济增长源泉进行分析，发现中国经济增长主要由要素投入驱动，不同区域间经济增长源泉存在较大的差异，要素投入虽对中国经济增长做出了主要贡献，但中国经济更多地与全要素生产率呈现出一致的波动趋势。李斌等(2013)基于2001—2010年中国36个工业行业的数据，采用ML指数分行业测算了绿色技术效率和绿色全要素生产率，将绿色全要素生产率对工业经济增长的贡献率作为中国工业发展方式转变的衡量标准，发现工业增长方式越发显现粗放和外延性特征，环境规制可以通过作用于绿色全要素生产率而影响工业发展方式的转变，但却存在环境规制强度的"门槛效应"。李政大等(2017)构建非参数生产前沿分析框架，分解1995—2014年中国的经济增长的源泉，剖析效率改善的贡献因素，并评估经济发展方式的转型效果，发现虽然要素投入仍是近20年中国经济发展的主要动因，但是效率改善对经济发展的贡献在不断提高，从2012年起中国已经进入粗放型发展向质量型发展转变的过渡期；东部地区转型效果较好，发展方式即将实现向质量型的转变，中部、西部地区转型速度最快。

六、生产率测算的相关研究的评述

随着认识的深入及研究方法的演进，国内近几年有关农业环境技术效率与生产率的研究逐渐增多，对重新审视农业增长的真实水平具有重要意义。但这一领域的研究文献在污染物种类的选择及核算、变量与研究方法的选取及研究的深度等方面尚存在着一些不足之处。

(1)投入变量与污染产出不对等。研究多以农林牧渔或第一产业为对象,选择灌溉、化肥、播种面积等种植业生产要素,笼统地测算可能导致结果不精确。

(2)碳排放核算方面,将第一产业(包括畜牧养殖)的碳排放作为农业生产的非期望产出,极少分析种植业碳排放的影响;大多未能将温室气体折算成 CO_2 当量,不便于国内外文献的对比,少数进行过折算的研究(包括最新成果),全球增温潜势(GWP)指数来源于 2007 年 IPCC 第四次报告,但这些指数在 2013 年的第五次报告中已经进行了调整;碳排放系数多利用美国橡树岭国家实验室和国外学者提供的,可能不适合中国的本土化应用;采用化肥的平均碳排放系数,没有将其分为氮肥、磷肥、钾肥和复合肥进行分别计算;多数研究不包括秸秆燃烧,少数包括秸秆燃烧的研究在排放指数的选取方面也没有考虑地域差异。

(3)效率与生产率测算方法方面,Malmquist 指数与 ML 指数不具备循环性,用线性规划求解时可能无解,改进的 SM 指数又排除了技术倒退的情况,本书拟采用的 Global 技术从理论上能有效克服上述问题,可能会使估算结果更加精确。

(4)最重要的是,尚未有文献对农业低碳转型的动态进程及省际差异进行评价。鉴于此,本书尝试对已有研究的不足之处进行完善与改进,这也是本书的创新点。

实际上,农业经济增长的绩效评价是一个涉及面广又意义重大的议题,但是,理论的不足、数据的缺失、方法的缺乏等原因,使得这一议题研究的开展面临着种种困难。任何限制条件的突破都会催生新研究的尝试，笔者就尝试从上述不足之处入手进行研究。

第三节　基于EKC分析的经济增长影响因素的相关研究进展

Kuznets(1955)发现收入分配与经济增长之间存在类似于倒"U"形曲线的关系，收入不平等首先随着人均收入的增加而加剧，但当经过了一个转折点后，收入不平等程度又会降低。经济增长与收入不平等之间的这种曲线关系被称为库兹涅茨曲线。20世纪90年代初，Grossman等(1991)、Shafik等(1992)、Panayotou(1993)均发现环境污染与经济增长(发展)之间也存在着类似于库兹涅茨曲线的倒"U"形曲线关系，Panayotou(1993)正式将其命名为环境库兹涅茨曲线(Environmental Kuznets Curve，EKC)。

此后，EKC研究引起了学者的广泛关注，从不同角度验证选定的环境污染(退化)指标与收入之间是否存在倒"U"形曲线关系，同时计算转折点所对应的收入水平，并对曲线存在的原因进行了解释。有人认为，环境是一种奢侈品，环境需求的收入弹性大于1；当人们的生活水平有了显著提高后，对环境质量的需求越来越高，从而更加倾向于为保护环境而支付成本(Roca，2003；Selden等，1994)。Grossman等(1991)、Komen等(1997)、Vukina等(1999)从经济增长角度对环境的规模效应、技术效应和构成效应进行了解释。也有学者认为国际贸易是解释EKC的重要原因之一。另外，国际经济学领域著名的污染天堂假说、向底线赛跑假说等都可以用来解释EKC的存在。

理论上，一些学者经过推导与证明，给出了EKC存在的条件

(Andreoni 等,2001;Gawande 等,2001;Lopez,1994;Munasinghe,1999;Selden 等,1995)。实证分析中,通常采用如式(2-1)的估计方程:

$$y_{it} = \alpha_{it} + \beta_1 x_{it} + \beta_2 x_{it}^2 + \beta_3 x_{it}^3 + \beta_4 z_{it} + \varepsilon_{it} \quad (2-1)$$

式中:y 和 x 分别为环境质量与收入变量;z 为其他影响环境质量的变量;i 为国家;t 为时间;α 为固定截距项;β_k 为待估系数。x 和 y 之间的关系有以下 7 种:

(1)$\beta_1=\beta_2=\beta_3=0$,两者之间没有必然联系;

(2)$\beta_1>0$ 并且 $\beta_2=\beta_3=0$,两者之间是单调递增的线性关系;

(3)$\beta_1<0$ 并且 $\beta_2=\beta_3=0$,两者之间是单调递减的线性关系;

(4)$\beta_1>0$,$\beta_2<0$ 且 $\beta_3=0$,EKC;

(5)$\beta_1<0$,$\beta_2>0$ 且 $\beta_3=0$,"U"形曲线关系;

(6)$\beta_1>0$,$\beta_2<0$ 且 $\beta_3>0$,"N"形关系;

(7)$\beta_1<0$,$\beta_2>0$ 且 $\beta_3<0$,"U"形+倒"U"形关系。

EKC 曲线仅在关系(4)中出现,转折点为:$x^* = -(\beta_1/2\beta_2)$。大量研究采用式(2-1)(或各变量的自然对数形式)来计量分析收入与环境污染之间的关系。

用此模型估计时,学者们运用多国截面数据或者多部门面板数据分析空气质量(二氧化硫、颗粒悬浮物、一氧化碳等)、水质(病原体浓度、重金属含量、化学需氧量等)和其他污染物质(城市废物排放量、能源利用量、森林开采量等)与收入之间的关系。发现绝大部分表征空气质量的环境污染物(二氧化碳除外)与收入之间存在明显的倒"U"形曲线关系(Grossman 等,1995;Roca,2003;Selden 等,1994),但是水质与收入之间的关系并不一定是倒"U"形的,如 Shafik(1994)发现了两者间存在"N"形关系。若存在倒"U"形曲线关系,不同学者计算出转折点所对应的收入水平差异巨大。对于大多数的污染物来说，转折点所对应的收入在3 000～10 000美元之间（1985 年美元不变价格），即使对于同样的污染物，不同的学者得出的结果也不同（Dinda，2004）。

由现有研究成果来看，短期、局部性的环境污染与收入之间存在 EKC 关系，而长期、全球性的环境污染与收入之间并不存在明显的 EKC 关系（Arrow 等，1995；Cole 等，1997）。而且学者们运用不同的方法、数据，选择相异的环境污染指标进行分析，导致研究结果及其相应的解释有很大的差异。Cavlovic 等（2000）就曾运用统计学上的数据分析方法，综合有关 EKC 的研究内容，对 11 类环境污染物的转折点进行了重新预测，发现研究方法与污染物的选择都会对最终结果产生影响。

我国对于 EKC 研究起步较晚，直到近几年，有关 EKC 的研究才渐渐多起来。①部分学者利用时间序列数据验证了 EKC 的存在性。例如，曹光辉等（2006）认为我国目前处于环境污染恶化阶段，没有证据显示我国已经存在环境库兹涅茨曲线现象，但也不排除目前我国处于环境库兹涅茨曲线的上升阶段的可能，只有通过积极的环境政策干预才可以使环境保护与社会经济的发展相协调。胡明秀等（2005）根据武汉市 1987—2003 年的统计数据，发现武汉市工业“三废”污染物除工业固体废弃物产生与排放量在 EKC 曲线的左边，其余的曲线已越过或正处于 EKC 转折点，说明武汉市工业“三废”污染状况开始向良性方向发展。田晓四等（2007）利用南京市 1985—2004 年的经济与环境数据，发现工业废水排放量和人均 GDP 具有一般相关性，并不呈现环境库兹涅茨曲线倒“U”形，而是呈三次曲线的“N”形；工业废气排放量和固体废物产量与人均 GDP 存在显著相关性，符合环境库兹涅茨曲线的倒“U”形且均提前实现拐点。王瑞玲等（2005）选取我国

1985—2003 年经济与环境数据,发现我国"三废"排放的库兹涅茨曲线并不都是标准环境库兹涅茨的倒"U"形,而是呈现倒"U"形、"U"形和三次曲线三种类型。王宜虎等(2006)根据南京市1991—2003 年经济与环境数据,分析经济发展与环境污染的相互关系,发现环境恶化程度逐步得到遏制,部分环境指标与人均GDP 演替轨迹呈现显著的环境库兹涅茨曲线特征。邢秀凤等(2006)选取 1988—2002 年的山东省环境与经济数据,发现山东省的 EKC 不完全符合典型的库兹涅茨曲线特征,呈显著的三次曲线特点,环境质量的改善并非随着收入水平的提高而自动发生。②部分学者利用面板数据进行了分析,运用简约式的估算模型,实证分析各工业污染(废水、化学需氧量、粉尘、烟尘、二氧化硫、固体废弃物等)排放或产生量与人均收入(GDP)之间是否存在倒"U"形的曲线关系。例如,包群等(2006)基于 1996—2000 年中国30 个省(市、自治区)6 类环境指标的面板数据,通过构建包括产出方程与污染方程在内的联立方程,发现经济增长与污染排放的双向作用,并提出了同时提高治污能力与促进经济持续增长的政策组合。许士春等(2007)利用 1990—2005 年中国 28 个省(市、自治区)的面板数据,构建包含污染方程和产出方程的模型来分析中国经济增长与环境污染之间的相互关系,发现中国目前还没有越过曲线的拐点,环境压力依然很大。这方面的研究由于在数据来源处理方法、模型使用以及估计方法选择的异同使得结果存在一定差异,其中大部分找到了 EKC 在我国存在的证据,也有的研究发现部分污染物排放量与收入增长之间存在"U"形(包群等,2005;王瑞玲等,2005)、"N"形(胡明秀等,2005;田晓四等,2007;许士春等,2007)、"U"形+倒"U"形(邢秀凤等,2006)的曲线关系。

苏为华等(2011)采用聚类分析和城乡混合基尼系数调整法,

发现我国环境污染与经济增长的关系形式多样化，对同种污染物进行全国层面的估计及对不同污染物采用相同的分组模式都会产生较大的误差。袁鹏等(2011)发现全国范围以及三大地区用环境技术效率(ETE)表示的环境绩效与经济增长之间存在倒“U”形曲线关系。袁正等(2011)利用跨国截面数据发现我国的人均国民收入与环境拐点还相距甚远。郑丽琳等(2012)建立动态EKC面板模型，发现中国碳排放库兹涅茨曲线在现实中是存在的，呈现倒“U”形特征且长期稳定。高宏霞等(2012)发现废气和SO_2的排放量数据均与EKC模式吻合，但区域拐点到来时间存在很大的差异，反映了我国区域发展的不平衡性。

相对来说，农业领域的研究文献数量很少。刘扬等(2009)发现中国化肥施用量总体上呈现出EKC特征，且大多数省(市、自治区)仍处于上升和不稳定状态。李海鹏等(2009b)以化肥、农药投入密度、畜禽粪尿排泄物密度为变量，张晖等(2009)以“过剩氮排放量”为变量，李君等(2011)以农业源主要污染物COD和氨氮产生量为变量，李太平等(2011)以化肥投入为变量，均发现农业面源污染排放量与经济增长总体上具有显著的倒“U”形曲线关系。田素妍等(2012b)建立了畜禽养殖碳排放的经济计量模型，发现东部地区存在显著的倒“U”形关系，中、西部地区则存在显著的“U”形关系。

农业碳排放的区域特征及动态演进

第一节　测算思路

一、碳排放测算的一般思路

碳足迹(CF)法是生命周期评价(LCA)法在温室气体排放领域的特殊应用。这种针对整个生命周期来测算温室气体排放量的计算方法有时也被称为温室气体核算(Pandey 等,2014)。这种方法包括了产品生产的生命周期中每个生产过程所产生的碳排放,计算更加全面、准确,本书采用基于生命周期评价(LCA)法的碳足迹(CF)法进行测算。

温室气体的核算目前主要依据以下三种标准或者指南:①世界资源研究所(WRI)与世界可持续发展工商理事会(WBCSD)提出的温室气体盘查议定书(GHG Protocol),几乎所有的温室气体指南(如 ISO 14064 和 PAS 2050)都是基于这一议定书而制定;②英国标准协会(BSI)于 2008 年 10 月提出的"公众可获取的规范(Publicly Available Specification, PAS) 2050"(以下简称 PAS 2050)[①];③IPCC 提出的国家温室气体排放清单。这些标准或指

①这一规范文件的英文标题是:Specification for the assessment of the life cycle greenhouse gas emissions of goods and services,其相应的中文标题是:商品和服务在生命周期内的温室气体排放评价规范。

南均遵循生命周期评价(LCA)法来测算碳足迹(CF),评估过程包括:选择温室气体、设定排放边界、收集排放数据、测算碳足迹(CF)。

第一,选择温室气体。温室气体的选择依据测算对象的类型与特征、测算的必要性、遵循的测算指南等条件而定。例如,发电厂主要排放 CO_2,其他气体可忽略不计,因此仅仅计算 CO_2 排放量比较合理;对于养牛场,CO_2、CH_4、N_2O 则是主要的排放气体,测算时均应考虑。一般来讲,各种测算标准或指南均建议应测算《京都议定书》中的 6 种温室气体(Matthews 等,2008)。

第二,设定排放边界。排放边界实际上是一条假想出来的用来框定排放范围的界线。这条“看不见”的边界确定了哪些生产活动需要包括到测算中,哪些则要排除在外。边界的设定可分为 3 个层次来考虑:第一层($tier_1$)仅包括田间生产现场的直接排放;第二层($tier_2$)将第一层边界向外扩展,包括农业生产中所消耗的各种能源所产生的排放;第三层($tier_3$)包括前两层边界之外的其他间接排放,如运送所购买或销售的物品时产生的排放、废物处置产生的排放等。第三层边界的界定很模糊,如果包括这一层排放源,就会增加估计的复杂性及不确定性(Matthews 等,2008)。考虑到如果包括第三层排放源将使得碳排放过程变得无法控制,学者建议在计算碳足迹(CF)时不包括这一层(Lenzen,2000)。此外,由于其不确定性、无法控制等原因,各种计算温室气体排放的指南或协议均将第三层所包括的各种排放源列为“可选项”。

第三,收集排放数据。温室气体排放量的数据,可以通过试验测量直接获取,也可以运用排放系数与模型进行测算而获得。直接测量相对准确,但是执行与维护的成本很高且统一与推广很困难。因此,通过排放系数与模型进行间接估算受到学者的广泛推崇。

第四,测算碳足迹(CF)。为了便于综合比较,收集(计算)的温室气体排放量数据统一用 CO_2 当量(CO_2-eq.)表示,当量值根据 IPCC 提出的全球增温潜势(GWP)指数计算。

实践中,由于数据的可获得性、参数选择、模型设定、测算对象的选取等方面的不同,各项研究测算出来的碳足迹(CF)结果存在较大的差异。

二、农业碳排放的测算思路

根据上述碳排放测算的一般思路,按照如下思路测算农业碳排放量。

第一,温室气体选择。根据相关研究及各标准的建议,本书选取 CO_2、CH_4、N_2O 这三种气体。

第二,排放边界设定。根据测算目标的不同,有三种设定方式(表 3-1):①对于谷物、蔬菜等作物,边界包括作物从耕种到收获所涉及的所有阶段;②对于农产品成品,边界还包括加工、包装、运输、配送等环节;③对于食物(熟食),还包括诸如家庭的食物准备等阶段,一直到食物端上餐桌(Pandey 等,2014)。这三种设定方式,第一种的计算更便于比较不同农业耕作方式与农田管理系统对温室气体控制的效果。另外两种则需要引入诸如农产品的运输与分配、食物处理技巧等环节,而这些又与各地不同的条件甚至人们的不同生活习惯密切相关。本书选用第一种边界设定方式,即以农场(或农田)为边界,测算农作物耕种到收获所涉及的碳排放。第一层的直接排放包括农田耕作及土壤的 CO_2、CH_4、N_2O 排放,拖拉机、收割机、脱谷机等农业机械消耗化石燃料所产生的 CO_2 排放;第二层的间接排放包括由于农田灌溉等消耗电能所产生的碳排放；第三层的间接碳排放包括化肥、农药、农膜等农业生产要素在生产、运输、储存过程中产生的碳排放（即隐含碳）。

表 3－1　碳排放边界设定

目标	边界
农作物耕种碳排放	耕种到农场大门
农产品成品碳排放	产品加工到购物货架

第三，排放数据收集。农田土壤温室气体排放对环境条件非常敏感，因此直接测算碳排放量最为可靠，密箱法（closed chamber）这一简单的技术得到广泛的应用（Pandey 等，2012）。但是，由于密箱的成本、维护、耗电等方面要求较高，其进一步的推广应用受到较大限制；密箱法的灵敏性也不高，当碳排放率较低的时候，根本无法捕捉碳排放信息。此外，通量塔（flux tower）法也得到了一定程度的运用。由于农业耕种与区域特性、耕作传统、农业经济水平、作物种类等因素密切相关，而实际测量法又受到诸多限制，更多的做法是通过排放系数（emission factors）和数学模型来进行估算。这也是本书估算时采用的方式。

第四，农业碳排放的测算。根据 IPCC（2013）给出的排放系数，CO_2、CH_4、N_2O 基于 100 年时间跨度的 CO_2 当量排放系数分别是 1、34、298，根据 Cheng 等（2011）、Pandey 等（2014）、Xue 等（2016）、王占彪等（2015）的方法，按照式（3－1）计算每层碳排放的全球增温潜势（GWP）：

$$\text{GWP}(\text{tier}_i) = CO_2\text{ 排放量} + CH_4\text{ 排放量} \times 34 + N_2O\text{ 排放量} \times 298 \quad (3-1)$$

式中：$i=1,2,3$，分别代表排放的三个层次，将每层的全球增温潜势(GWP)相加便得到了总的 CO_2 当量。

农业碳足迹(CF)可以按照单位面积排放量(CF_A，kg；CO_{2i}-eq. /$hm^2$①)的形式给出，也可以按照单位产量排放量(CF_Y，kg；CO_2-eq. /kg)的形式给出，如式(3-2)所示。

$$\begin{cases} CF_A = \left(\sum_{i=1}^{3}[GWP(tier_i)]\right)/A \\ CF_Y = \left(\sum_{i=1}^{3}[GWP(tier_i)]\right)/Y \end{cases} \tag{3-2}$$

式中：A 和 Y 分别为播种面积(hm^2)与产量(kg)。

第二节 测算方法、公式与数据来源

一、测算方法与公式

相关研究指出，农作物生产碳排放指农作物从播种到收获整个农业生产过程中的化肥、农药、农用塑料膜、农用柴油和灌溉用电等投入品的生产、运输、使用过程中造成的温室气体排放总和(Cheng 等，2011；王占彪等，2015)。本书根据这一定义，并遵循本章第二节农业碳足迹(CF)的测算思路与方法，依据数据与排放系数的可获得性，以水稻、小麦、玉米、豆类、油菜籽、花生、棉花、薯类为研究对象，利用生命周期评价(LCA)法测算种植业田间生产过程中，主要投入要素(化肥、农药、农膜)在投入使用前的生产、储备与运输一直到田间投入使用，田间农作物种植、土地翻耕、农

① $1hm^2=0.01km^2$

田灌溉与机械化操作、产后收获及田间秸秆燃烧，全生命周期内的农业 CO_2 当量，用全球增温潜势(GWP)表示的计算公式如下：

$$GWP_{CO_2}=CO_{2\mathrm{Input}}+CO_{2\mathrm{Straw}}+CH_{4\mathrm{Paddy}}\times 34+N_2O_{\mathrm{Soil}}\times 298 \tag{3-3}$$

式中：$CO_{2\mathrm{Input}}$ 为各投入要素在生产、储备、运输及投入使用过程中产生的碳排放；$CO_{2\mathrm{Straw}}$ 为秸秆田间焚烧产生的碳排放；N_2O_{Soil} 为农田土壤 N_2O 排放；$CH_{4\mathrm{Paddy}}$ 为水稻种植的 CH_4 排放量。各排放量的单位均为 $\times 10^4$ t，再根据全球增温潜势(GWP)指数统一转换为 CO_2 当量，单位为 $\times 10^4$ t。各成分的计算公式如下：

$$CO_{2\mathrm{Input}}=FerN\times EF_{\mathrm{FerN}}+FerP\times EF_{\mathrm{FerP}}+FerK\times EF_{\mathrm{FerK}}+FerNPK\times EF_{\mathrm{FerNPK}}+Pest\times EF_{\mathrm{Pest}}+Film\times EF_{\mathrm{Film}}+Dies\times EF_{\mathrm{Dies}}+Elec\times EF_{\mathrm{Elec}} \tag{3-4}$$

$$CO_{2\mathrm{Straw}}=\sum P\times N\times D\times B\times F\times EF_{\mathrm{Straw}} \tag{3-5}$$

$$CH_{4\mathrm{Paddy}}=Rice\times EF_{CH_4} \tag{3-6}$$

$$N_2O_{\mathrm{Soil}}=FerN\times EF_{\mathrm{FerN\text{-}N_2O}}\times(44/28) \tag{3-7}$$

对于农田碳汇，本书按照如下公式计算碳汇量：

$$CO_{2\mathrm{CS}}=\sum_{i=1}^{k}c_i=\sum_{i=1}^{k}\frac{C_i\times Y_i\times(1-r)}{HI_i} \tag{3-8}$$

式(3-4)至式(3-7)中各变量的含义如下：

第一，式(3-4)是各投入要素在生产、储备、运输及田间使用等环节产生的碳排放量计算公式。其中，$FerN$、$FerP$、$FerK$、$FerNPK$、$Pest$、$Film$、$Dies$、$Elec$ 分别是指氮肥、磷肥、钾肥、复合肥、农药、农膜、农用柴油、电力的投入或消耗量，EF_{FerN}、EF_{FerP}、EF_{FerK}、EF_{FerNPK}、EF_{Pest}、EF_{Film}、EF_{Dies}、EF_{Elec} 分别是相应的排放系数，表示的是单位投入要素在生产、储备、运输及使用或消耗过程中的碳排放量。排放系数值及单位如表 3－2 所示,这些系数绝大多数来源于中国生命周期数据库(CLCD)和 Ecoinvent 数据库,数据库的说明可见黄娜等(2012)的介绍。相对于其他的来源,这两个数据库能够提供中国本土化的排放参数,这些参数已被越来越多的学者所认可并采用。如王占彪等(2015)对华北平原(河北、北京、天津、山东、河南)为例,估算作物生产的单位播种面积碳足迹、单位耕地面积碳足迹、单位产量碳足迹及单位产值碳足迹,分析作物生产碳足迹的变化趋势、分布及构成情况。黄晓敏等(2016)利用 2004—2013 年东北三省主要粮食作物(水稻、玉米和大豆)的产量、播种面积、农田生产投入等统计数据,估算了粮食生产的碳足迹。王兴等(2017)认为水稻是中国主要粮食作物,而稻田又是 CH_4 的主要排放源,因此研究其生产过程的碳足迹对实现农业节能减排具有的意义,基于 2004—2014 年水稻生产相关统

表 3－2 农业投入要素碳排放系数

投入要素	排放系数	系数来源
氮肥	1.53t CO_2-eq./t	CLCD v0.7
磷肥	1.63t CO_2-eq./t	CLCD v0.7
钾肥	0.65t CO_2-eq./t	CLCD v0.7
复合肥	1.77t CO_2-eq./t	CLCD v0.7
柴油	0.89t CO_2-eq./t	CLCD v0.7
农药	12.44t CO_2-eq./t	Econinvent v2.2
农膜	22.72t CO_2-eq./t	Econinvent v2.2
灌溉用电	2.71kg CO_2-eq./hm^2	Cheng 等(2011)
农田 N_2O 排放	0.01t N/t	IPCC(2006)

计数据，利用碳足迹(CF)法核算了中国水稻生产碳足迹及其变化趋势。Xue 等(2016)测算了中国南方地区(安徽、河北、浙江、江西、湖南、福建、广东、广西与海南)双季稻生产的碳足迹(CF)与氮足迹。Wang 等(2017)分析了 1993—2007 年农作物生产的碳排放，对比了不同类型的化肥(氮肥、磷肥与钾肥)在使用过程中产生的碳排放量大小。

第二，式(3-5)是田间秸秆燃烧碳排放量计算公式。其中，P 是农作物产量；N 是各作物的谷草比(grain-to-straw ratio)，其取值参见表 3-3；D 和 F 分别是秸秆干物质比例(proportion of dry matter)和燃烧效率(burning efficiency)，其取值参见表 3-4；B 是田间秸秆燃烧比例，其取值参见表 3-5；EF_{Straw} 是秸秆燃烧污染物排放系数，其取值参见表 3-6。上述各参数值来源于 Li 等(2016)、王晓玉等(2012)、何敏等(2015)的研究成果。

表 3-3　各地区不同作物谷草比

地区	水稻	小麦	玉米	豆类	薯类	棉花	花生	油菜籽
北京	1.10	1.29	1.02	1.36	0.42	2.62	0.86	2.57
天津	1.33	1.16	0.99	1.36	0.42	2.62	0.86	2.57
河北	0.95	1.22	1.05	1.36	0.42	2.62	0.86	2.57
山西	1.00	1.25	1.16	1.36	0.42	2.62	0.86	2.57
内蒙古	0.83	1.39	1.3	1.36	0.62	2.62	0.86	2.57
辽宁	1.03	1.22	1.03	1.29	0.6	2.62	0.86	2.57
吉林	1.03	1.25	1.09	1.50	0.6	2.62	0.86	2.57
黑龙江	0.92	1.05	1.16	1.13	0.6	2.62	0.86	2.57
上海	1.28	1.09	0.93	1.52	0.53	3.35	1.26	2.98
江苏	1.24	1.41	1.00	1.52	0.53	3.35	1.26	2.98

续表 3-3

地区	水稻	小麦	玉米	豆类	薯类	棉花	花生	油菜籽
浙江	1.07	1.20	0.96	1.52	0.53	3.35	1.26	2.98
安徽	1.09	1.12	1.00	1.52	0.53	3.35	1.26	2.98
福建	1.14	1.34	0.93	1.52	0.58	3.35	1.08	2.98
江西	1.03	1.36	0.95	1.52	0.52	3.35	1.26	2.98
山东	1.29	1.39	0.96	1.36	0.42	2.64	0.89	2.87
河南	0.97	1.29	1.07	1.36	0.42	2.41	0.86	2.57
湖北	0.96	1.39	0.98	1.52	0.52	3.35	1.26	2.98
湖南	0.98	1.38	0.96	1.52	0.52	3.35	1.26	2.98
广东	1.07	1.27	0.93	1.52	0.58	3.35	1.26	2.98
广西	1.10	1.22	0.94	1.52	0.58	3.35	1.26	2.98
海南	1.20	1.28	0.94	1.52	0.58	3.35	1.26	2.98
重庆	0.91	1.08	0.96	1.52	0.49	3.35	1.26	2.98
四川	0.90	1.12	0.98	1.52	0.49	3.35	1.26	2.98
贵州	1.14	1.29	0.94	1.52	0.49	3.35	1.26	2.98
云南	1.14	1.20	0.93	1.52	0.49	3.35	1.26	2.98
西藏	1.07	1.22	0.95	1.36	0.75	2.62	0.86	2.57
陕西	0.94	1.27	1.10	1.36	0.62	2.62	0.86	2.57
甘肃	0.84	1.26	1.11	1.36	0.62	2.62	0.86	2.57
青海	1.04	1.31	1.10	1.36	0.75	2.62	0.86	2.57
宁夏	0.99	1.08	1.21	1.36	0.62	2.62	0.86	2.57
新疆	0.74	1.36	1.15	1.36	0.62	2.85	0.86	2.57
平均	1.04	1.28	1.07	1.35	0.53	2.87	0.99	2.90

表 3－4　作物秸秆干物质比例与燃烧效率

	水稻	小麦	玉米	豆类	薯类	棉花	花生	油菜籽
干物质比例	0.89	0.89	0.87	0.91	0.45	0.83	0.94	0.83
燃烧效率	0.93	0.92	0.92	0.68	0.68	0.804	0.82	0.80

表 3－5　各地区田间秸秆燃烧比例

省份(地区)	比例	省份(地区)	比例	省份(地区)	比例	省份(地区)	比例
北京	0.296 1	上海	0.275 2	湖北	0.202 0	云南	0.208 2
天津	0.187 2	江苏	0.188 7	湖南	0.206 5	西藏	0.440 0
河北	0.244 6	浙江	0.207 0	广东	0.220 5	陕西	0.350 7
山西	0.147 1	安徽	0.341 1	广西	0.244 2	甘肃	0.161 2
内蒙古	0.114 1	福建	0.235 5	海南	0.179 9	青海	0.245 7
辽宁	0.126 6	江西	0.226 9	重庆	0.213 3	宁夏	0.302 2
吉林	0.156 4	山东	0.331 3	四川	0.230 4	新疆	0.276 6
黑龙江	0.222 2	河南	0.215 8	贵州	0.211 4		

表 3－6　作物秸秆燃烧污染物排放系数　(单位:kg/kg)

污染物	水稻	小麦	玉米	豆类	薯类	棉花	花生	油菜籽
CO_2	1.11	1.47	1.35	1.58	1.58	1.35	1.58	1.58
CH_4	0.005 8	0.003 4	0.004 4	0.005 8	0.005 8	0.005 8	0.005 8	0.005 8
N_2O	0.000 07	0.000 07	0.000 14	0.000 07	0.000 07	0.000 07	0.000 07	0.000 07

第三,式(3-6)是田间水稻种植 CH_4 排放量计算公式。其中,*Rice* 是各地水稻产量,EF_{CH_4} 是相应地区的水稻种植 CH_4 排放系数。由于我国幅员辽阔,不同地区水热条件差异较大,各地区不同水稻生长周期内的 CH_4 排放情况也不一样,因此,将水稻按照地区及品种(早、中、晚稻)进行区别对待,更能反映我国水稻种植的实际情况。排放系数的取值(表3-7)参考了王明星等(1998)、蔡祖聪等(2003)、江长胜等(2005)、闵继胜等(2012b)、田云等(2013b)的研究成果。

表3-7 各地区早、中、晚稻种植 CH_4 排放系数(单位:t/hm^2)

地区	早稻	晚稻	中稻	地区	早稻	晚稻	中稻
北京	0	0	0.132 3	湖北	0.175 1	0.390	0.581 7
天津	0	0	0.113 4	湖南	0.147 1	0.341	0.562 8
河北	0	0	0.153 3	广东	0.150 5	0.516	0.570 2
山西	0	0	0.066 2	广西	0.124 1	0.491	0.477 8
内蒙古	0	0	0.089 3	海南	0.134 3	0.494	0.522 9
辽宁	0	0	0.092 4	重庆	0.065 5	0.185	0.257 3
吉林	0	0	0.055 7	四川	0.065 5	0.185	0.257 3
黑龙江	0	0	0.083 1	贵州	0.051 0	0.210	0.220 5
上海	0.124 1	0.275	0.538 7	云南	0.0238	0.076	0.072 5
江苏	0.160 7	0.276	0.535 5	西藏	0	0	0.068 3
浙江	0.143 7	0.345	0.579 6	陕西	0	0	0.125 1
安徽	0.167 5	0.276	0.512 4	甘肃	0	0	0.068 3
福建	0.077 4	0.526	0.434 7	青海	0	0	0
江西	0.154 7	0.458	0.654 2	宁夏	0	0	0.073 5
山东	0	0	0.21	新疆	0	0	0.105 0
河南	0	0	0.178 5				

第四，式(3－7)是农田氮肥施用的 N_2O 排放量计算公式。其中，$EF_{FerN\text{-}N_2O}$是排放系数(取值见表 3－2)，44/28 是 N_2O 与 N_2 的分子量比例。

第五，式(3－8)是农田碳汇的碳吸收量计算公式。其中，C 为农作物碳吸收总量，C_i 为某种农作物碳吸收量，k 为农作物种类数，c_i 为作物通过光合作用合成单位有机质所需吸收的碳(即碳吸收率)，Y_i 为作物的经济产量，r 为作物经济产品部分的含水量，HI_i 为作物经济系数。各系数取值(表 3－8)主要参考了韩召迎等(2012)、杨果等(2016)、田云等(2013b)的研究成果。

表 3－8　作物经济系数、含水量与碳吸收率

品种	经济系数	含水量	碳吸收率	品种	经济系数	含水量	碳吸收率
水稻	0.45	0.12	0.41	薯类	0.70	0.70	0.42
小麦	0.40	0.12	0.49	棉花	0.10	0.08	0.45
玉米	0.40	0.13	0.47	花生	0.43	0.1	0.45
豆类	0.34	0.13	0.45	油菜籽	0.25	0.1	0.45

二、数据来源

各类排放系数、比例及效率值的来源如上所述。除此之外，各地化肥(氮肥、磷肥、钾肥、复合肥)、农药、农膜、柴油、灌溉面积、水稻播种面积，以及水稻、小麦、玉米、豆类、油菜籽、花生、棉花、薯类的产量数据，均来源于《中国统计年鉴》《中国农业年鉴》《中国农村统计年鉴》《中华人民共和国五十年农业统计资料》《中华人民共和国农业六十年统计资料》《中华人民共和国五十五年统计资料》，对于部分地区的某些年份的缺失数据，则取用当地的统计年鉴予以补充。

第三节 农业碳排放的特征与演进

一、农业生产碳排放的总体特征

1. 碳排放总量、排放强度与排放密度的特征

根据式(3-3)的计算结果,1991—2016 年农业碳排放总量(即 CO_2 当量)的变化情况如图 3-1 所示。总体上,农业碳排放总量在波动中持续增加,由 1991 年的 74 255.45×10^4t 增加到 2016 年的 97 636.21×10^4t,增长了近 1/3(31.49%),年均递增 1.10%。具体看,碳排放大致可以分为四个阶段:第一阶段为 1991—1993 年,碳排放量经历了 1992 年的少许增加后下降到 1993 年的历史最低点 73 413.73×10^4t,比 1991 年的 74 255.45×

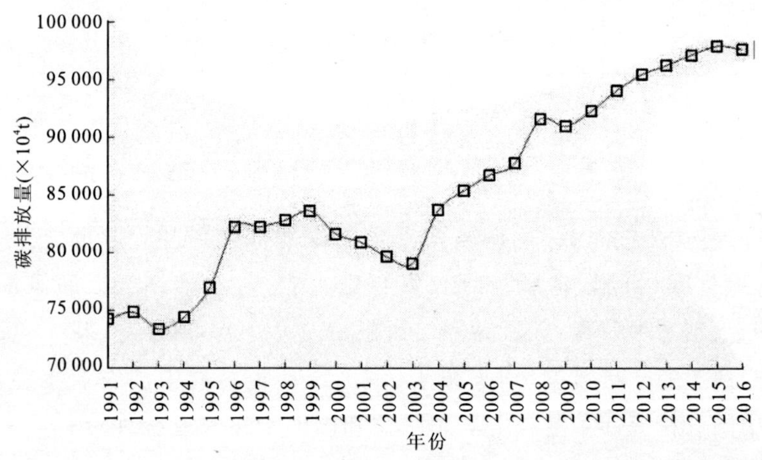

图 3-1 1991—2016 年农业碳排放总量变化

10^4 t降低了1.15%。第二阶段为1993—1996年，碳排放量持续快速增加到82 225.49×10^4 t，年均增长3.85%，农业要素投入的持续增加、种植面积的扩大等因素，共同导致了排放总量的不断增加。1996—2003年为第三阶段，排放量在波动中下降，其中1999年达到了83 662.74×10^4 t，而2003年下降到79 133.4×10^4 t，相比于1996年下降了3.76%，年均降低0.55%。2003—2016年为第四阶段，农业碳排放量持续增加到97 636.21×10^4 t，增加了近1/4(23.38%)，年均递增1.63%。按照近几年的变化趋势来看，未来几年农业碳排放量可能还会保持持续增长的势态。

以每万元农业产值(1978年可比价格表示)碳排放量表示碳排放强度(kg/万元)，每公顷播种面积碳排放量表示碳排放密度(kg/hm^2)，根据式(3-2)的计算结果，两者变化情况如图3-2所示。1991—2016年农业碳排放强度在波动中持续降低，由27 147.13kg/万元下降到9 425.24kg/万元，降低了65.28%，年均降低4.14%。分阶段来看，不同时期碳排放强度变化幅度存在

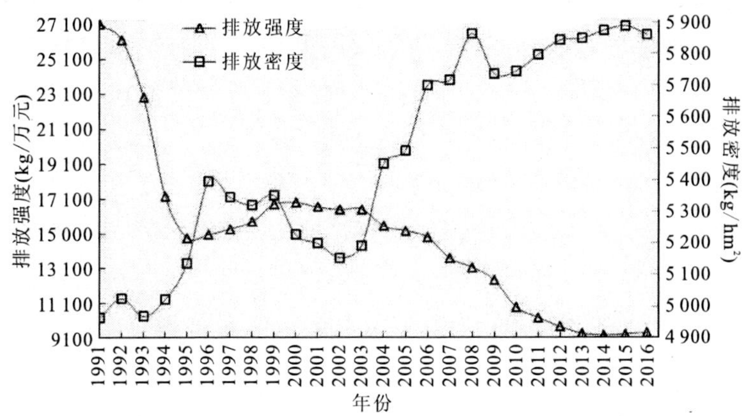

图3-2　1991—2016年农业碳排放强度和密度变化

差异。1991—1995 年,碳排放强度的下降速度最为明显,1995 年比 1991 年减少了近一半(45.21%),年均递减 13.97%;1995—2000 年,碳排放强度缓慢地增加,2000 年比 1995 年增加13.61%,年均增加 2.59;2000—2016 年则持续地降低,2016 年比 2000 年下降 44.22%,年均降低 3.58%。我国的农业碳排放总量在增加,但是排放强度却表现出降低趋势,这说明我国正在以更小的环境代价获得农业的持续增长。与农业碳排放强度的变化不同,农业碳排放密度在波动中持续增加,由 4 964.06kg/hm^2 增加到 5 858.76kg/hm^2,增加了 18.02%,年均递增 0.67%。1991—2016 年,农作物播种面积由 149 586× $10^3 hm^2$ 增加到 166 650 × $10^3 hm^2$,增加了 11.41%,年均递增 0.43%,均小于同期碳排放总量的增长率(31.49%)与年均递增率(1.10%),可能正是这一增长率的差距导致碳排放密度的增加。

2. 碳排放构成的特征

农业碳排放源包括农业生产要素投入、秸秆焚烧、农田氮肥施用及水稻种植。就排放总量而言(表 3-9),1991—2016 年除水稻种植碳排放在波动中有所降低外,其他成分的碳排放均在增加。农业投入消耗所产生的碳排放由 19 879.32× 10^4t 增加到 37 355.72×10^4t,增长了 87.91%,年均递增 2.56%;秸秆燃烧碳排放由11 856.24×10^4t 增加到17 354.19×10^4t,增长了46.37%,年均递增 1.54%;农田氮肥施用碳排放由8 163.16×10^4t 增加到 10 819.57×10^4t,增长了 32.54%,年均递增 1.13%;水稻种植碳排放由34 356.73×10^4t 降低到32 106.72×10^4t,减少了 6.55%,年均递减 0.28%。从碳排放构成来看(图 3-3),贡献由大到小依次为水稻种植、农业投入、秸秆焚烧、农田氮肥,平均贡献率依次为 37.55%、33.26%、16.59%、12.01%。其中,水稻种植的碳排放比重呈现出逐年下降趋势，由 46.27%下降到 32.88%，且在 2007 年及其以前始终占据最大份额；农业投入碳排放比重由 26.77%增加到 38.26%，且自 2008 年以来成为碳排放的最大贡献者；秸秆焚烧碳排放比重由 15.97%增加到 17.77%，农田氮肥施用碳排放则由 10.99%增加到 11.08%，两者的变化不大。

表 3-9　1991—2016 年农业各碳排放源的排放量

（单位：$\times 10^4$ t）

年份	农业投入	秸秆焚烧	农田氮肥		水稻种植	
			N_2O	CO_2 当量	CH_4	CO_2 当量
1991	19 879.32	11 856.24	27.39	8 163.16	1 010.49	34 356.73
1992	20 635.42	11 947.20	27.86	8 301.77	9 99.81	33 993.52
1993	21 761.82	12 379.77	29.09	8 669.37	900.08	30 602.76
1994	22 614.05	12 165.73	29.84	8 891.53	905.14	30 774.83
1995	23 440.91	12 983.04	32.07	9 555.93	911.42	30 988.42
1996	24 525.77	13 804.75	34.41	10 253.12	989.47	33 641.86
1997	25 192.18	13 641.35	34.13	10 171.17	978.99	33 285.58
1998	25 803.73	13 784.62	35.10	10 459.26	964.52	32 793.83
1999	26 375.22	13 938.51	34.27	10 213.78	974.57	33 135.23
2000	26 754.61	12 910.79	33.97	10 122.93	937.86	31 887.16
2001	27 354.36	12 696.46	34.01	10 134.17	904.68	30 759.19
2002	27 770.88	12 608.96	33.91	10 104.20	859.06	29 207.89
2003	27 997.05	11 961.98	33.79	10 068.14	856.07	29 106.23
2004	28 947.35	13 190.95	34.92	10 406.71	916.26	31 152.79
2005	29 664.48	13 602.02	35.04	10 441.37	932.19	31 694.36

续表 3-9

年份	农业投入	秸秆焚烧	农田氮肥		水稻种植	
			N_2O	CO_2 当量	CH_4	CO_2 当量
2006	30 413.19	14 200.07	35.55	10 594.96	926.72	31 508.41
2007	31 305.35	14 264.58	36.10	10 757.46	923.19	31 388.45
2008	34 094.13	15 056.34	36.19	10 784.15	931.52	31 671.66
2009	32 882.70	15 284.90	36.61	10 911.06	938.52	31 909.63
2010	33 746.79	15 528.70	36.99	11 021.57	940.78	31 986.52
2011	34 699.25	16 150.49	37.42	11 152.22	942.67	32 050.90
2012	35 555.54	16 700.67	37.72	11 239.33	939.95	31 958.40
2013	36 081.24	16 975.98	37.63	11 213.57	940.79	31 986.98
2014	36 729.30	17 195.86	37.60	11 206.08	942.04	32 029.26
2015	37 186.74	17 572.31	37.11	11 059.50	944.80	32 123.05
2016	37 355.72	17 354.19	36.31	10 819.57	944.32	32 106.72

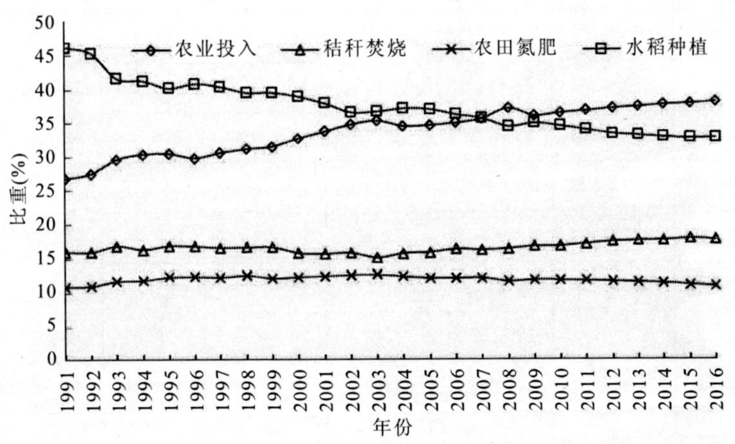

图 3-3　1991—2016 年农业碳排放构成变化

农业要素投入产生的碳排放量也不同(表 3-10)。1991—2016 年农田灌溉电力消耗的碳排放量最高，年均排放量为 15 175.61×10^4 t，最低的钾肥年均排放量仅为 290.04×10^4 t。根据排放量增长率高低排序，复合肥投入排放量由 718.55×10^4 t 增加到3 910.85×10^4 t，增长了 444.27%，年均递增 7.01%；农膜投入排放量由 1 480.99×10^4 t 增加到 5 913.13×10^4 t，增长了 299.27%，年均递增 5.69%；钾肥投入排放量由 114.11×10^4 t 增加到 416.97×10^4 t，增长了 265.41%，年均递增 5.32%；柴油投入排放量由 830.96×10^4 t(1993 年)增加到1 874.99×10^4 t，增长了 125.64%，年均递增 3.6%；农药投入排放量由 964.61×10^4 t 增加到2 165.13×10^4 t，增长了 124.46%，年均递增 3.29%；磷肥投入排放量由 822.51×10^4 t 增加到1 353.78×10^4 t，增长了 64.59%，年均递增2.01%；电力投入排放量由13 118.43×10^4 t增加到

表 3-10　1991—2016 年农业投入碳排放量

(单位：×10^4 t)

年份	氮肥	磷肥	钾肥	复合肥	农药	农膜	柴油	电力
1991	2 660.12	822.51	114.11	718.55	964.61	1 480.99	0.00	13 118.43
1992	2 705.29	849.10	128.82	819.37	1 007.23	1 797.91	0.00	13 327.70
1993	2 825.08	946.31	139.81	939.57	1 080.35	1 633.89	830.96	13 365.86
1994	2 897.48	988.99	154.25	1 064.33	1 233.37	2 044.49	856.02	13 375.12
1995	3 113.99	1 041.70	176.57	1 189.01	1 352.28	2 079.99	970.02	13 517.34
1996	3 341.18	1 097.19	190.90	1 301.89	1 419.17	2 399.58	959.64	13 816.23
1997	3 314.47	1 124.25	210.81	1 414.23	1 487.16	2 639.00	1 088.85	13 913.41
1998	3 408.35	1 115.69	226.39	1 456.53	1 532.23	2 727.93	1 164.48	14 172.13
1999	3 328.36	1 138.44	239.61	1 559.54	1 644.10	2 859.71	1 199.55	14 405.93

续表 3－10

年份	氮肥	磷肥	钾肥	复合肥	农药	农膜	柴油	电力
2000	3 298.75	1 126.53	246.48	1 626.87	1 591.74	3 034.13	1 244.36	14 585.73
2001	3 302.42	1 151.81	261.67	1 742.76	1 585.88	3 292.78	1 315.38	14 701.67
2002	3 292.65	1 161.92	276.66	1 844.12	1 632.48	3 497.71	1 335.13	14 730.21
2003	3 280.90	1 165.19	286.67	1 966.74	1 648.58	3 616.27	1 394.82	14 637.88
2004	3 391.23	1 200.74	305.85	2 133.13	1 724.22	3 816.93	1 611.53	14 763.73
2005	3 402.52	1 213.14	320.57	2 309.98	1 816.17	4 004.00	1 685.12	14 912.97
2006	3 452.58	1 255.05	333.60	2 455.81	1 912.11	4 192.94	1 702.74	15 108.36
2007	3 505.53	1 260.93	349.37	2 662.96	2 018.80	4 401.93	1 789.35	15 316.49
2008	3 514.23	1 272.34	356.83	2 850.62	4 022.40	4 559.73	1 672.10	15 845.88
2009	3 555.58	1 301.05	369.47	3 010.10	2 125.99	4 725.07	1 735.60	16 059.85
2010	3 591.59	1 314.10	383.73	3 187.12	2 187.22	4 937.04	1 791.75	16 354.24
2011	3 634.17	1 336.28	396.10	3 358.65	2 223.03	5 213.19	1 822.12	16 715.71
2012	3 662.55	1 351.94	404.22	3 526.28	2 246.73	5 414.18	1 866.76	17 082.88
2013	3 654.16	1 354.87	410.83	3 645.71	2 241.52	5 664.51	1 908.38	17 201.26
2014	3 651.72	1 378.85	420.25	3 750.44	2 247.81	5 862.24	1 927.77	17 490.22
2015	3 603.95	1 375.26	420.58	3 855.87	2 218.01	5 915.29	1 946.28	17 851.49
2016	3 525.77	1 353.78	416.97	3 910.85	2 165.13	5 913.13	1 874.99	18 195.11
平均	3 342.87	1 180.69	290.04	2 242.35	1 820.32	3 758.64	1 372.83	15 175.61

18 195.11×10^4 t，增长了 38.7%，年均递增 1.32%；氮肥投入排放量由2 660.12×10^4 t 增加到3 525.77×10^4 t，增长了 32.54%，年均递增 1.13%。从碳排放构成来看(图 3－4)，电力消耗碳排放的比重最大，1991—2016 年的平均比重为 52.9%，接下来依次为农膜(12.41%)、氮肥(11.68%)、复合肥(7.30%)、农药(6.14%)、柴油(4.52%)、磷肥(4.08%)、钾肥(0.96%)。1991—2016 年，排放比重持续增加的为农膜、复合肥、钾肥，持续降低的为电力、氮肥，基本保持不变的为农药、柴油、磷肥。

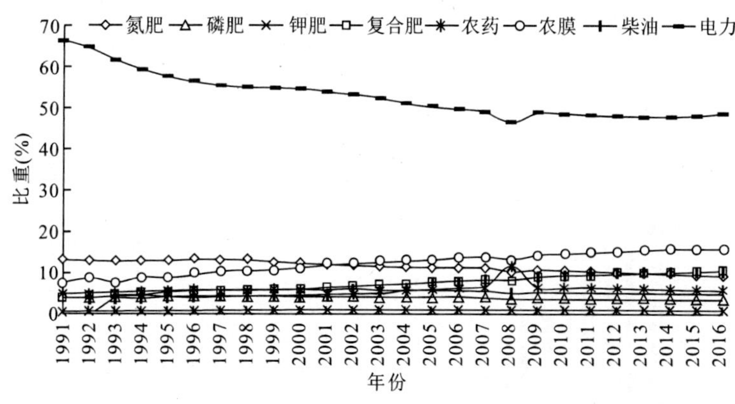

图 3－4　1991—2016 年农业投入碳排放构成变化

二、农业生产碳排放的空间分布特征

1. 各地区农业碳排放的总体特征

农业碳排放的各地区差异明显(图 3－5)。1991—2016 年，排放量最大的江苏平均排放量为7 475.37×10^4 t，最低的西藏平均排放量为 90.43×10^4 t，前者是后者的 82.66 倍。根据碳排放量高低排序，前 10 位的地区依次为江苏(7 475.37×10^4 t)、湖南

(6 669.70× 10^4 t)、安徽(6 545.34× 10^4 t)、湖北(5 900.19× 10^4 t)、山东(5 777.63× 10^4 t)、江西(5 224.68× 10^4 t)、河南(5 209.88× 10^4 t)、四川(4 782.33× 10^4 t)、广东(4 397.54× 10^4 t)、广西(3 959.49× 10^4 t),这些地区碳排放总量占同期全国碳排放量的 65.42%;排名后 10 位的地区依次为重庆(1 349.03× 10^4 t)、甘肃(972.73× 10^4 t)、山西(955.37× 10^4 t)、海南(648.24× 10^4 t)、上海(481.87× 10^4 t)、宁夏(371.47× 10^4 t)、天津(257.09× 10^4 t)、北京(227.90× 10^4 t)、青海(136.93× 10^4 t)、西藏(90.43× 10^4 t),这些地区的碳排放量仅占全国碳排放量的 6.42%。由碳排放的空间分布来看,平均排放量最多的前 8 个地区均是我国的粮食主产区(江苏、湖南、安徽、湖北、山东、江西、河南、四川)。总体上,我国 13 个粮食主产区的碳排放量占全国碳排放量的69.12%。

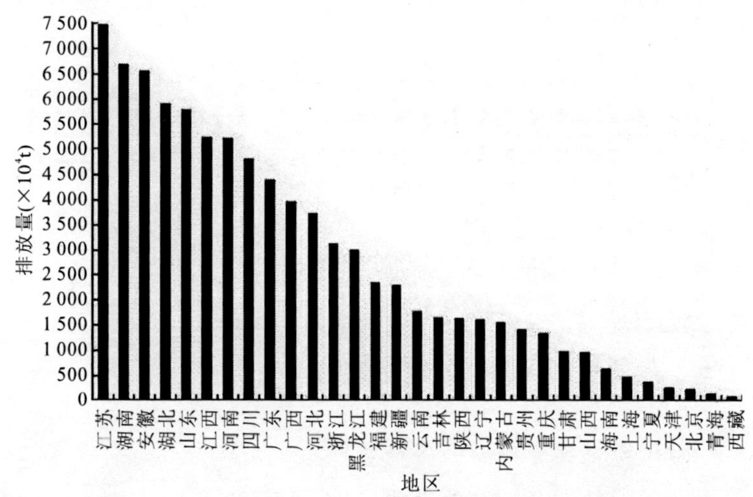

图 3-5　1991—2016 年各地区农业平均碳排放量

2. 各地区农业碳排放的构成特征

各地区农业碳排放的构成也存在较大的差异(图 3-6)。各地区农业投入、秸秆焚烧、农田氮肥、水稻种植碳排放的平均比重分别为 41.66%、18.03%、13.49%、26.82%,农业投入碳排放的平均比重最大,农田氮肥施用碳排放的比重最低。农业投入方面,高于平均比重的为甘肃、西藏、内蒙古等 17 个地区,最高的甘肃为 67.68%,最低的江西只有 16.78%;秸秆焚烧方面,高于平均比重的为山东、青海、陕西等 14 个地区,最高的山东为 33.48%,最低的海南为 5.40%;农田氮肥方面,高于平均比重的为陕西、云南、辽宁等 15 个地区,最高的陕西为 22.33%,最低的江西为 4.33%;水稻种植方面,高于平均比重的为江西、湖南、广西等 14 个地区,最高的江西为 70.49%,而最低的山西只有 0.09%。

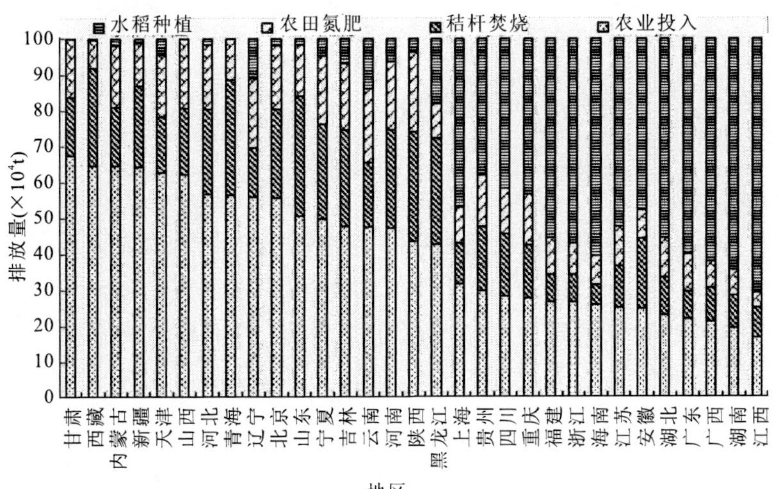

图 3-6 1991—2016 年各地区农业碳排放构成

3. 各地区农业碳排放强度及排放密度的变化特征

从单位农业碳排放量来看,各省(市、自治区)的排放差异也很明显(图 3-7)。1991—2016 年的平均排放强度为 14 242.55kg/万元,高于这一平均值的有海南、新疆、江西等 11 个地区,强度最高的海南为 29 731.77kg/万元,最低的北京只有 5 774.78kg/万元,前者是后者的 5 倍多。从区域分布来看①,东北、华北与西南地区的所有省(市、自治区),西北地区的大部分省份(陕西、甘肃和青海),以及华东、华中与华南地区的上海、河南、广东,这些省份的排放强度均低于平均值,说明相对于全国平均状况,这些省份在获得农业产值时付出了更小的环境污染代价。

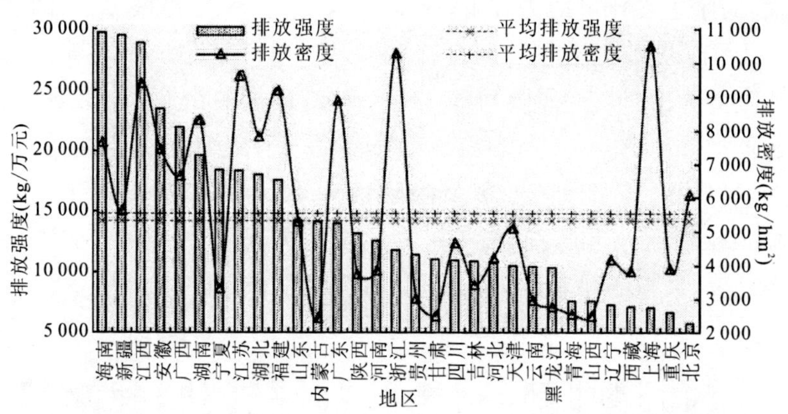

图 3-7 1991—2016 年各地区农业碳排放强度与排放密度

①按照全国的七大地理区域划分方式,即:东北(黑龙江、吉林、辽宁)、华东(上海、江苏、浙江、安徽、福建、江西、山东)、华北(北京、天津、山西、河北、内蒙)、华中(河南、湖北、湖南)、华南(广东、广西、海南)、西南(四川、贵州、云南、重庆、西藏)、西北(陕西、甘肃、青海、宁夏、新疆)。

华东、华中与华南地区的大部分省（市、自治区）的排放强度均高于平均值，说明这些地区在获得农业产值时付出了更大的环境成本。排放密度方面，同期的平均排放密度为5 545.86kg/hm^2，高于这一平均值的有上海、浙江、江苏等13个省（市、自治区）。密度最高的上海为10 534.14kg/hm^2，密度最低的内蒙古只有2 443.04kg/hm^2，前者是后者的4倍多。排放密度的区域分布状况与排放强度大体一致，唯一不同的是，华南地区所有省份的排放密度值均大于全国平均值。

第四节　农业碳汇的特征与演进

一、农业碳汇的总体特征

1. 农业碳汇总量、强度与密度的特征

1991—2016年农业碳汇总量的时序变化情况如图3－8所示。总体上，农业碳汇量在波动中持续增加，由1991年的41 997.11×10^{4}t增加到2016年的61 784.9×10^{4}t，增长了47.12%，年均递增1.56%。具体来看，碳汇量变化过程大致可以分为三个阶段。第一阶段为1991—1997年，碳汇量持续增加到1996年后在1997年有了少许下降，最高达到47 201.04×10^{4}t，比1991年增加了12.39%。第二阶段为1997—2003年，碳汇量持续下降到42 312.28×10^{4}t，降低了10.36%。第三阶段为2003—2016年，碳汇量持续增加到61 784.9×10^{4}t，增加了46.02%，年均递增2.96%。图3－9所示的碳汇密度变化轨迹与图3－8碳汇总量变化类似，总体上，碳汇密度由1991年的2 807.56kg/hm^{2}增加到2016年的3 707.46kg/hm^2，增长了32.05%，年均递增1.11%。

但是,碳汇强度表现出波动下降趋势,由15 353.77kg/万元下降到5 964.36kg/万元,降低了 61.15%,年均递减 3.71%。

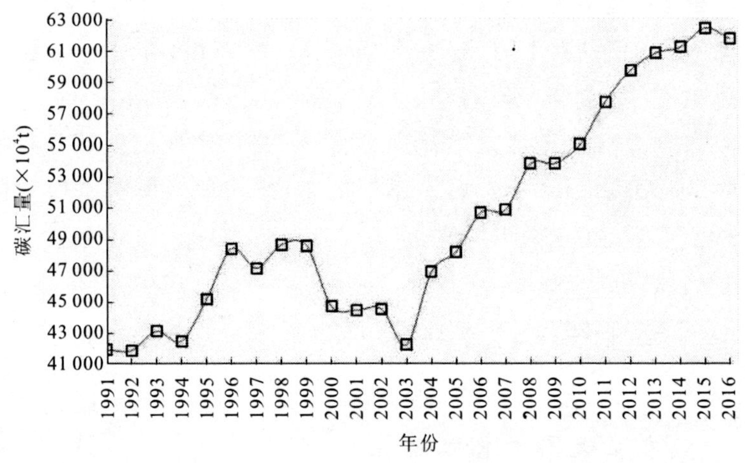

图 3-8　1991—2016 年农业碳汇总量

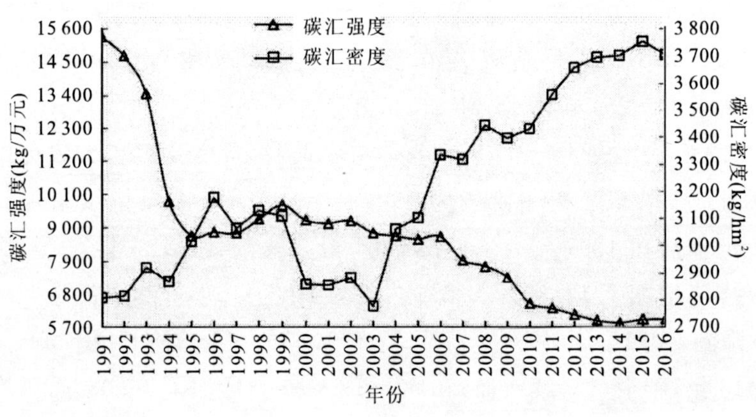

图 3-9　1991—2016 年农业碳汇强度与碳汇密度

2. 农业碳汇的构成特征

不同作物碳汇量及其在总碳汇量中的比重存在较大的差异。如表 3－11 所示，1991—2016 年按照年均碳汇量由大到小依次是水稻、玉米、小麦、棉花、豆类、油菜籽、花生、薯类，三类主要粮食作物的碳汇量远远大于其他作物。按照碳汇总量的变化率来讲，1991—2016 年花生的碳汇量增加了 173.66%，接下来依次是玉米(120.26%)、油菜籽(89.36%)、豆类(36.43%)、小麦(33.3%)、薯类(19.85%)、水稻(9.47%)，而棉花的碳汇量则降低了 6.58%。按照碳汇年均变化率来讲，除了棉花年均递减0.27%外，其他作物均表现出递增趋势，增速按照从大到小依次是花生(4.11%)、玉米(3.21%)、油菜籽(2.59%)、豆类(1.25%)、小麦(1.16%)、薯类(0.73%)、水稻(0.36%)。作物碳汇构成的差别也非常明显。如图 3－10 所示，水稻、小麦、玉米三大作物的农业碳汇比重远大于其他作物，其中，水稻碳汇比重逐年降低，玉米碳汇比重缓慢上升，而小麦碳汇比重的变化比较平缓。其余作物的碳汇比重均低于 6%。

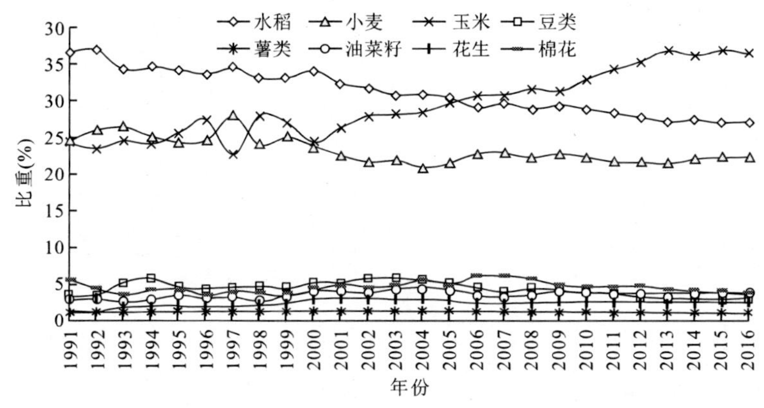

图 3－10　1991—2016 年农业碳汇构成

表 3-11 1991—2016 年不同作物碳汇量 (单位:$\times 10^4$ t)

年份	水稻	小麦	玉米	豆类	薯类	油菜籽	花生	棉花
1991	15 315.37	10 313.66	10 211.57	1 460.79	507.65	1 244.37	595.08	2 348.62
1992	15 488.68	10 917.12	9 846.88	1 462.92	528.24	1 274.47	562.00	1 867.14
1993	14 760.14	11 429.97	10 609.31	2 271.39	592.39	1 152.05	794.54	1 547.95
1994	14 667.06	10 669.90	10 253.21	2 442.89	563.04	1 238.47	913.04	1 797.59
1995	15 427.23	10 981.36	11 552.77	2 093.24	607.26	1 617.12	965.20	1 974.78
1996	16 234.84	11 951.21	13 261.19	2 084.62	686.65	1 520.73	958.94	1 740.13
1997	16 256.38	13 154.88	10 685.64	2 159.58	578.79	1 551.54	908.69	1 905.53
1998	16 090.70	11 707.77	13 620.14	2 304.40	653.50	1 344.81	1 119.52	1 863.43
1999	16 070.51	12 150.95	13 121.48	2 180.87	659.98	1 641.35	1 190.37	1 585.14
2000	15 206.96	10 631.14	10 858.88	2 314.92	668.07	1 843.64	1 359.71	1 828.78
2001	14 371.76	10 016.29	11 687.43	2 371.95	645.93	1 835.70	1 357.76	2 203.93
2002	14 125.96	9 633.94	12 427.05	2 580.68	664.57	1 709.46	1 395.59	2 035.31
2003	13 004.37	9 228.32	11 867.15	2 449.77	636.91	1 850.04	1 263.94	2 011.79
2004	14 498.97	9 811.26	13 346.94	2 570.16	644.96	2 135.44	1 350.78	2 617.93
2005	14 620.38	10 397.39	14 276.94	2 484.49	628.79	2 114.49	1 350.80	2 365.75
2006	14 711.91	11 573.31	15 530.59	2 307.24	489.70	1 776.51	1 213.77	3119.73
2007	15 061.32	11 662.11	15 602.03	1 980.67	509.01	1 712.78	1 226.98	3 156.16
2008	15 535.88	11 999.92	16 996.64	2 352.79	540.27	1 960.41	1 345.55	3 101.64
2009	15 795.54	12 282.78	16 797.87	2 222.68	543.04	2 212.43	1 385.30	2 639.99

续表 3-11

年份	水稻	小麦	玉米	豆类	薯类	油菜籽	花生	棉花
2010	15 848.81	12 289.79	18 157.44	2 183.82	564.55	2 119.24	1 473.44	2 467.91
2011	16 276.28	12 526.69	19 748.97	2 197.48	593.36	2 174.95	1 511.37	2 731.47
2012	16 534.95	12 914.24	21 063.62	1 992.65	596.93	2 269.22	1 572.11	2 830.06
2013	16 484.44	13 010.53	22 382.55	1 836.91	603.57	2 342.26	1 598.55	2 607.77
2014	16 718.84	13 466.44	22 091.36	1 871.70	604.85	2 393.10	1 552.34	2 557.82
2015	16 857.92	13 890.75	23 011.82	1 830.62	602.97	2 418.81	1 548.38	2 319.81
2016	16 765.03	13 747.97	22 491.66	1 992.97	608.43	2 356.39	1 628.46	2 193.99
平均	15 489.62	11 629.22	15 057.74	2 153.93	597.05	1 838.84	1 236.24	2 285.39

二、农业碳汇的空间分布特征

1. 各地区农业碳汇的总量与构成特征

各地区的农作物种植情况不一样，相应的碳汇量也存在较大的差异。1991—2016 年各地区的年均碳汇总量（图 3-11），最高的河南达到了5 145.63×10^4 t，最低的西藏只有 40.1×10^4 t，碳汇量排名前 14 位的地区依次是河南、山东、黑龙江、江苏、四川、河北、安徽、湖南、湖北、吉林、新疆、内蒙古、江西、辽宁，除新疆外全是粮食主产区。各个地区内部碳汇构成也存在较大的差异（图 3-12）。按照所有地区碳汇构成的共同特征来看，各地区的水稻、小麦、玉米的碳汇量均占据了碳汇总量的较大比例，三类主要粮食

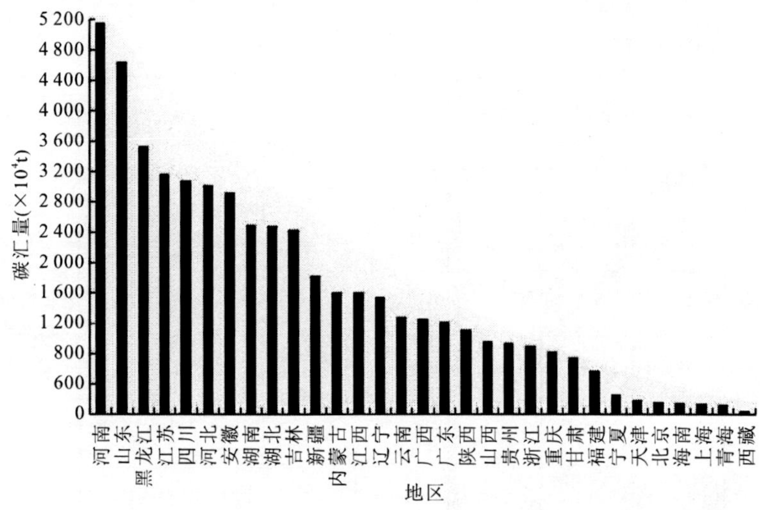

图 3-11　1991—2016 年各地区年均碳汇量

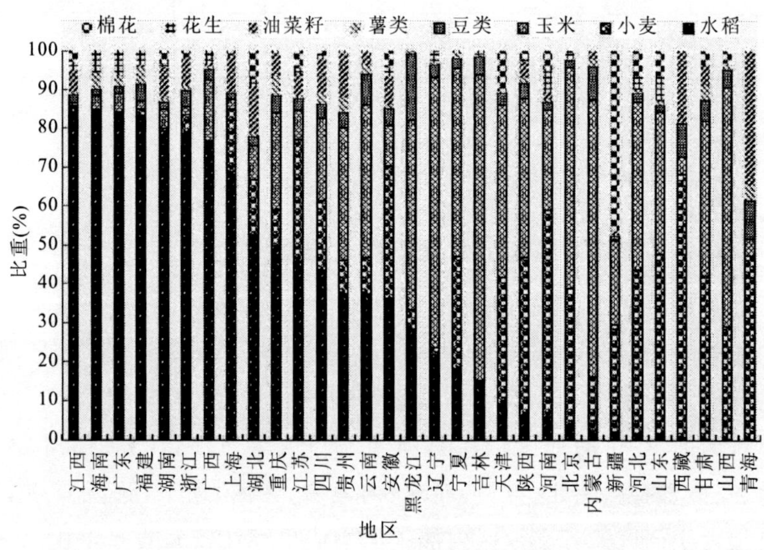

图 3-12　1991—2016 年各地区农作物碳汇比重

作物的平均比重达到了 83.9%，其中，超过 90% 的有北京(95.83%)、宁夏(95.58%)、吉林(93.84%)、辽宁(93.28%)、广西(92.36%)、山西(90.58%)。最低的西藏、青海、新疆也分别达到了 72.61%、51.87%、51.23%。另两种粮食作物豆类与薯类的碳汇比重则相对较低，其平均比重为 5.86%，其中排名前 4 位的黑龙江、青海、内蒙古、云南的比重分别为 17.59%、13.53%、10.43%、10.03%，其他地区均低于 10%，最低的上海、新疆分别只有 1.89%、1.40%。相对于粮食作物，油菜、花生、棉花这三类经济作物的碳汇比重则较小，其平均比重为 10.24%，其中比重超过 20%的有新疆(47.38%)、青海(34.61%)、湖北(21.22%)，小于 1%的有吉林(0.98%)、黑龙江(0.2%)、宁夏(0.05%)。就各地区内部的碳汇比重来看，以水稻为主(排名第一)的有江西、海南、广东、福建、湖南、浙江、广西、上海、湖北、重庆、江苏、四川、贵州、安徽，以小麦为主的有西藏、河南、青海、山东、甘肃，以玉米为主的有吉林、内蒙古、辽宁、山西、北京、黑龙江、宁夏、天津、河北、陕西、云南。新疆则以棉花碳汇为主。

2. 各地区农业碳汇强度与碳汇密度的变化特征

单位农业碳汇量更能反映农业碳汇的差异(图 3－13)。1991—2016 年，农业碳汇强度的平均值为8 470.14kg/万元，高于这一平均值的有新疆、吉林、内蒙古等 12 个地区，强度最小的上海则为 2 122.9kg/万元。同期碳排放密度的平均值为 2 970.58kg/hm^2，高于这一平均值的有吉林、新疆、山东等 14 个地区，密度最小的海南则为1 675.41kg/hm^2。

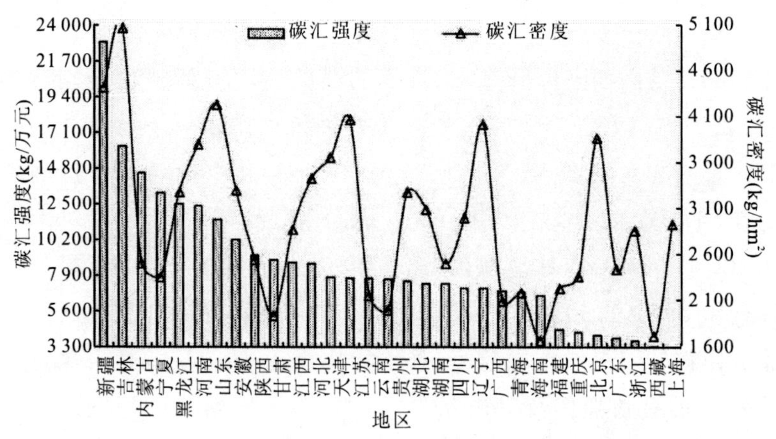

图 3-13　1991—2016 各地区农业碳汇强度与密度

第五节　本章研究结论

本章根据生命周期评价(LCA)法构建农业碳排放/碳汇测算指标体系,对 1991—2016 年全国及 31 个省(市、自治区)的农业碳排放/碳汇量进行了测算,从排放量、排放强度、排放构成三个层面全面分析了农业碳排放/碳汇的时序演变特征与空间分布差异。本章的主要研究结论如下。

(1)总体上,我国农业碳排放量在波动中持续增加。1991—2016 年全国农业年均碳排放总量由 74 255.45×10^4 t 增加到 97 636.21×10^4 t,增长了将近 1/3,年均递增 1.10%。各排放源中,除水稻种植碳排放在波动中有所降低外,农业生产要素投入、秸秆焚烧、农田氮肥施用碳排放分别以年均 2.56%、1.54%、1.13%的增速持续增加。碳排放平均贡献大小依次是水稻种植、农业投入、秸秆焚烧、农田氮肥施用。从农业投入内部的排放贡献来看，电力消耗碳排放的比重最大，1991—2016 年的平均比重为 52.9%，接下来依次是农膜、氮肥、复合肥、农药、柴油、磷肥、钾肥。此外，农业碳排放强度在波动中持续降低，由27 147.13kg/万元下降到9 425.24kg/万元，降低了 65.28%，年均降低 4.14%。农业碳排放密度在波动中持续增加，由4 964.06kg/hm^2 增加到5 858.76kg/hm^2，增加了 18.02%，年均递增 0.67%。

(2)农业碳排放的地区差异明显。1991—2016 年，年均排放量最大的江苏是最低的西藏的 82.66 倍，排放量最大的前 10 个地区其总量占全国碳排放量的 65.42%，排名最后 10 位的地区仅占 6.42%。排放量前 8 位的地区均是粮食主产区，而全部 13 个粮食主产区的碳排放量贡献了排放总量的 69.12%。排放构成上，各地区农业投入、水稻种植、秸秆燃烧、农田氮肥施用平均比重分别为41.66%、26.82%、18.03%、13.49%。各地区中以农业投入碳排放为主的有北京、天津、河北等 17 个地区，以水稻种植碳排放为主的有上海、江苏、浙江等 14 个地区。排放强度方面，平均强度最高的海南是最低的北京的 5 倍多。东北、华北与西南地区的所有省(市、自治区)，西北地区的陕西、甘肃和青海，以及华东、华中与华南地区的上海、河南、广东，其排放强度均低于全国平均值。华东、华中与华南地区的大部分省(市、自治区)的排放强度均高于全国平均值。排放密度方面，最高的上海是最低的内蒙古的 4 倍多。排放密度的区域分布状况与排放强度大体一致，不同的是华南地区所有省(市、自治区)的排放密度均大于全国平均值。

(3)农业碳汇量也在波动中持续增加。1991—2016 年碳汇总量由41 997.11×10^4t 增加到61 784.9×10^4t，增长了 47.12%，年均递增 1.56%。按照作物碳汇量由大到小依次是水稻、玉米、小麦、棉花、豆类、油菜籽、花生、薯类,三类主要粮食作物的碳汇量远远大于其他作物。按照碳汇构成特征来看,水稻、小麦、玉米三大作物的农业碳汇比重远大于其他作物,其中水稻碳汇比重逐年降低,玉米碳汇比重缓慢上升,而小麦碳汇比重的变化比较平缓。其余作物的碳汇比重均低于6%。1991—2016年碳汇密度由2 807.56kg/hm^{2}增加到3 707.46kg/hm^2,增长了32.05%,年均递增1.11%。碳汇强度则表现出波动下降趋势,由15 353.77kg/万元下降到5 964.36kg/万元,降低了61.15%,年均递减3.71%。

(4)各地区农业碳汇量也存在较大的差异。1991—2016年年均碳汇量最高的河南达到了5 145.63×10^{4}t,最低的西藏只有40.1×10^{4}t,碳汇量排名前14位的地区除了新疆外全是粮食主产区。按照碳汇构成来看,所有地区的水稻、小麦、玉米的碳汇量均占据了碳汇总量的较大比例,三类主要粮食作物的平均比重达到了83.9%,另两种粮食作物豆类与薯类的碳汇比重则相对较低,其平均比重为5.86%,相对于粮食作物,油菜、花生、棉花这三类经济作物的碳汇比重则较小,其平均比重为10.24%,就各地区内部的碳汇比重来看,以水稻为主(排名第一)的有江西、海南、广东、福建、湖南、浙江、广西、上海、湖北、重庆、江苏、四川、贵州、安徽,以小麦为主的有西藏、河南、青海、山东、甘肃,以玉米为主的有吉林、内蒙古、辽宁、山西、北京、黑龙江、宁夏、天津、河北、陕西、云南。新疆则以棉花碳汇为主。

农业发展低碳转型的进程评估

本章利用上述核算的农业碳排放量对农业低碳转型的进程进行评估，以便总体上把握碳排放约束下农业转型发展的区际差异。这将涉及到合适的经济理论机制、可度量的低碳转型动态评估指数及评估指数估算方法的选择问题。

第一，经济理论机制。自从 Solow(1956)的开创性工作以来，由全要素生产率(TFP) 对产出贡献度所度量的要素投入质量贡献已成为判断经济可持续发展的主要标准，可根据经济增长的数量贡献和质量贡献的相对大小进行经济转型判断。可以说全要素生产率(TFP) 是新古典经济学判断经济转型的核心指标(陈诗一，2011b)。长期以来，环境因素被排斥在全要素生产率(TFP)分析框架之外，直到 Chambers 等(1996)和 Chung 等(1997)提出了基于方向性距离函数(Directional Distance Function，DDF)的环境规制“行为分析模型(Activity Analysis Model，AAM)”，首次将污染排放作为有负外部性的非期望产出引入传统全要素生产率(TFP) 测算框架，从方法论上比较合理地拟合了环境因素在生产中的制约作用，并使捕捉环境规制的真实经济效应成为可能。其中，在给定投入时尽可能地增加好产出并降低环境污染的原理，恰恰使其成为低碳转型分析的理想经济学机制。

第二，动态评估指数。本书在行为分析模型(AAM) 基础之上构建低碳转型动态评估指数，使用由 DDF-AAM 所度量的环境全要素生产率(environmental total factor productivity,ETFP)所代表的经济增长质量贡献作为该评估指数,即各地区逐年环境全要素生产率(ETFP)增长除以对应的各地区农业总值增长,就可以得到由经济增长质量贡献所度量的低碳转型评估指数。这个指数不仅描述了低碳转型的动态演进过程,而且还可以判断经济是否发生了低碳转型。如果要素数量贡献仍然大于质量贡献,那么仍旧处于传统高碳发展阶段;如果指数值超过了0.5,就说明期待的经济转型发生了。现有研究中,只有陈诗一(2012)采用这一指数对各地区低碳经济转型进行了评估,农业领域的研究未曾出现。

第三,估算方法选择。指数计算涉及到规模报酬、角度和数据包络分析测算技术的选择问题。Coelli 等(2005)认为在规模收益不变(Constant Returns to Scale,CRS)的技术条件下,从投入或产出角度测算的技术效率一样,在规模收益可变(Variable Returns to Scale,VRS)的技术条件下则得出不同的效率值,且规模收益不变(CRS)应用在农业领域是合理的。实际上,也有一些学者指出农业生产的规模报酬符合不变的特征(弗兰克·艾利思,2006;林毅夫,2005)。此外,我国农业生产的实际是在稀缺资源的约束下寻求农业产出的最大化,这正符合产出角度数据包络分析(DEA)的定义。因此,本书拟在规模收益不变(CRS)的条件下及产出角度进行测算。

增长理论指出,生产率的提高和要素的积累是经济增长的两大源泉。所谓"经济增长方式",指的就是一个经济在实现经济增长时生产率提高和要素积累的贡献的相对大小(林毅夫等,2007)。也可以说是指推动经济增长的各种生产要素投入及其组合的方式,其实质是"依赖什么要素,借助什么手段,通过什么途径,怎样实现经济增长"(吴敬琏,2006)。那么,要素积累型和生产率驱动型这两种增长方式的划分标准是什么？对于这个问题，学术界一直都存在较大的争论，没有一个比较清晰的研究思路。但是，只要对经济的增长中生产率提高的相对贡献能够进行定量测定，至少可以对不同时期的经济增长方式或同一时期不同经济的增长方式的集约化程度进行比较（林毅夫等，2007）。根据这一思路，本章以碳排放约束下的农业生产率增长为突破口，对农业低碳转型的进程进行评估。

第一节　测算技术与方法

在各种计算决策制定单元（DMUs）的生产率变化指标中，Malmquist 指数可能是最为重要的一个，其应用相当广泛。根据 Malmquist（1953）在消费分析中用方向性距离函数（DDF）的比值来计算指数的思想，Caves 等（1982a，1982b）首次提出了以 Malmquist 命名的生产率指数（Malmquist Productivity Index，MPI），全要素生产率（TFP）的变化是相邻两时期 MPI 的几何平均数。Färe 等（1992）将 Farrell（1957）所提出并由 Charnes 等（1978）进一步发展的数据包络分析（DEA）法运用到生产率分析框架中，提出了非参数方法的 MPI。此后，有关 MPI 计算、分解及理论方法探讨的论文大量出现。Färe 等（1992）和 Färe 等（1994b）分别定义了基于投入导向（input - oriented，IO）和产出导向（output-oriented，OO）的 MPI①。两种导向在规模报酬不变（constant returns to scale，CRS）的假设下测算的技术效率一样，

①以投入为导向的测算，需保持产出水平不变而尽量减少投入；以产出为导向的测算，需保持投入水平不变而尽量增加产出。

在规模报酬可变的假设下则得出不同的效率值。Coelli 等(2005)在研究多个国家的农业全要素生产率(TFP)时认为,选用规模报酬不变(CRS)的假设在处理加总数据的时候最为合适。实际上,确有一些学者指出,农业生产的规模报酬符合不变的特征(Ma 等,2013;弗兰克·艾利思,2006;李谷成等,2010;林毅夫,2005)。在规模报酬不变(CRS)的假设下选择投入或产出导向均可,但考虑到我国农业发展目前是在稀缺资源的约束下寻求产出的最大化,因此,本书拟在规模报酬不变(CRS)的假设下,选择产出导向定义相关指数并对其进行分解。

一、环境技术

参考经典文献,本书将中国各省(市、自治区)作为决策单元(DMU)构造农业生产前沿面。引入时期 t 并比较决策单元(DMU)实际生产点与前沿面映射点,测度技术效率和技术进步。设定 k 个决策单元(DMU)在时期 t 内使用 N 种投入要素 x,生产 M 种期望产出与 J 种非期望产出 b,用生产可能性集合(PPS)表示环境技术 $P(x)$,环境技术对每一个投入向量 x 都可以生产出包含期望产出和非期望产出的组合 (y,b)。生产可能性集合描述如下:

$$P(x) = \{(y,b) \mid x \text{ 能够生产} (y,b)\}, \quad x \in R_+^N,\ y \in R_+^M,\ b \in R_+^J \tag{4-1}$$

式(4-1)中,环境技术生产函数须满足下述条件:

(1)对于所有 $x \in R_+^N$,有 $(0,0) \in P(x)$,表示既不投入也不生产的情况;

(2)对于任何 $x \in R_+^N$,$P(x)$ 是紧集,表示在有限的要素投入条件下生产有限的产出;

(3)若 $x' \geqslant x$，则 $P(x') \supseteq P(x)$，表示投入强可处置，即投入增加后产出不可能减少；

(4)若 $(y,b) \in P(x)$ 且 $0 \leqslant \theta \leqslant 1$，则 $(\theta y, \theta b) \in P(x)$，表示非期望产出的减少必伴随着期望产出成比例的减少，即降低非期望产出需要付出的代价；

(5)若 $(y,b) \in P(x)$ 且 $y' \leqslant y$，则 $(y', b) \in P(x)$，表示期望产出强可处置；

(6)若 $(y,b) \in P(x)$ 且 $b=0$，则 $y=0$，表示必须同时生产期望产出与非期望产出①。

减少非期望产出需要额外耗费成本，环境技术要求所有投入和期望产出强可处置，期望产出与非期望产出联合弱可处置②。参考 Färe 等(2007)、Chung 等(1997)的研究，本书引入环境方向性距离函数(DDF)。设定方向向量 $\boldsymbol{g}=(g_y, g_b)$，其中，$\boldsymbol{g} \in R_+^M \times R_+^J$，方向性距离函数(DDF)定义如下：

$$D(x,y,b;g_y,g_b) = \max\{\beta \mid (y+\beta g_y, b-\beta g_b) \in P(x)\} \tag{4-2}$$

二、环境绩效指数的测度：环境技术效率(ETE)与环境全要素生产率(ETFP)

理论上，在计算生产率指数时，首先根据当期基准构建生产前沿面，然后构造方向性距离函数(DDF)并据此计算每一时期的决策单元的生产率，最后求解相邻两个时期的生产率指数的几何平均值，以此来度量生产率变化。生产率的变化可进一步分解为

①这被称为“零结合性(null jointness)”或“副产品(byproduct)公理”。

②联合弱可处置(jointly weakly disposable)是指所有期望产出与非期望产出的减少必须是同时成比例的。

效率变化与技术进步,Malmquist 指数便是这一分解算法的典型代表。Pastor 等(2005)指出,Malmquist 指数不具备循环性且用线性规划方法求解时甚至可能无解。Färe 等(1996)认为,规模报酬不变的条件下投入产出满足希克斯联合中性,是保证指数循环性的充分必要条件,但这一条件的局限性极大。Xue 等(2002)给出了数据结构必须满足充分必要条件以避免线性规划求解时出现无解的情况,但这仅适用于计算超效率的情形且十分苛刻。Shestalova(2003)提出的贯序技术克服了无解情况的发生,但计算出的指数不具备循环性且不能反映技术退步的情形。鉴于上述种种缺陷,Pastor 等(2005)提出了 Global 指数,将各决策单元的所有考察时期作为基准构建生产前沿面,这样既可以满足循环性又不会产生无解的情况,且允许计算指数时存在技术退步。根据当期基准构建时期的生产可能性集合参照集,其定义如下:

$$P_C^T(x^t) = \{(y^t, b^t) \mid x^t \text{ 能够生产} (y^t, b^t)\} \quad (4-3)$$

与当期基准不同,Global 基准定义为:$P_G = P_C^1 \cup P_C^2 \cup \cdots \cup P_C^n$,下标 C、G 分别代表当期基准、Global 基准,将所有当期基准全部包络形成单一的 Global 生产可能性集合参照集,其他各期都可与之比较。决策单元 i 的 ML 指数根据当期参照基准计算:

$$\mathrm{ML}^S(x^t, y^t, b^t, x^{t+1}, y^{t+1}, b^{t+1}) = \frac{1 + D_C^S(x^t, y^t, b^t)}{1 + D_C^S(x^{t+1}, y^{t+1}, b^{t+1})} \quad (4-4)$$

式(4-4)中,上标 $S=t, t+1$,表示相邻的两个时期,下标 C 表示当期基准,$D(x,y,b)$是简化了的方向性距离函数 $D(x,y,b;g_y,g_b)$。若生产活动产出更多的期望产出和更少的非期望产出,那么 $\mathrm{ML}^S>1$,表示生产率提高;若产出更少的期望产出和更多的非期望产出,那么 $\mathrm{ML}^S<1$,表示生产率降低。实证分析中,ML 指数

定义为两个连续时期生产率指数 ML^{t} 和 ML^{t+1} 的几何平均值，ML 指数可进一步分解为效率变化和技术进步：

$$\begin{aligned}
&ML^{t,t+1}(x^{t},y^{t},b^{t},x^{t+1},y^{t+1},b^{t+1})\\
&=\left[\frac{1+D_{C}^{t}(x^{t},y^{t},b^{t})}{1+D_{C}^{t}(x^{t+1},y^{t+1},b^{t+1})}\times\frac{1+D_{C}^{t+1}(x^{t},y^{t},b^{t})}{1+D_{C}^{t+1}(x^{t+1},y^{t+1},b^{t+1})}\right]^{1/2}\\
&=\frac{1+D_{C}^{t}(x^{t},y^{t},b^{t})}{1+D_{C}^{t+1}(x^{t+1},y^{t+1},b^{t+1})}\\
&\quad\times\left[\frac{1+D_{C}^{t+1}(x^{t},y^{t},b^{t})}{1+D_{C}^{t}(x^{t},y^{t},b^{t})}\times\frac{1+D_{C}^{t+1}(x^{t+1},y^{t+1},b^{t+1})}{1+D_{C}^{t}(x^{t+1},y^{t+1},b^{t+1})}\right]^{1/2}\\
&=\frac{TE^{t+1}}{TE^{t}}\times[TG_{t}^{t,t+1}\times TG_{t+1}^{t,t+1}]^{1/2}\\
&=EC^{t,t+1}\times TC^{t,t+1}
\end{aligned}\tag{4-5}$$

参考 Pastor 等(2005)与 Oh(2010)的研究，GML 指数定义如下：

$$GML^{t,t+1}(x^{t},y^{t},b^{t},x^{t+1},y^{t+1},b^{t+1})=\frac{1+D_{G}^{T}(x^{t},y^{t},b^{t})}{1+D_{G}^{T}(x^{t+1},y^{t+1},b^{t+1})}\tag{4-6}$$

式(4－6)中，$D_{G}^{T}(x,y,b)=\max\{\beta|(y+\beta y,b-\beta b)\in P_{G}(x)\}$，根据 Global 生产可能性集合参照集 P_{G} 给出。若产出更多的期望产出和更少的非期望产出，那么$GML^{t,t+1}>1$，表示生产率提高；若产出更少的期望产出和更多的非期望产出，那么$GML^{t,t+1}<1$，表示生产率降低。GML 指数进一步分解如下：

$$\begin{aligned}
&GML^{t,t+1}(x^{t},y^{t},b^{t},x^{t+1},y^{t+1},b^{t+1})\\
&=\frac{1+D_{G}^{T}(x^{t},y^{t},b^{t})}{1+D_{G}^{T}(x^{t+1},y^{t+1},b^{t+1})}=\frac{1+D_{C}^{t}(x^{t},y^{t},b^{t})}{1+D_{C}^{t+1}(x^{t+1},y^{t+1},b^{t+1})}\\
&\quad\times\left[\frac{[1+D_{G}^{T}(x^{t},y^{t},b^{t})]/[1+D_{C}^{t}(x^{t},y^{t},b^{t})]}{[1+D_{G}^{T}(x^{t+1},y^{t+1},b^{t+1})]/[1+D_{C}^{t+1}(x^{t+1},y^{t+1},b^{t+1})]}\right]
\end{aligned}$$

$$= \frac{TE^{t+1}}{TE^{t}} \times \left[\frac{BPG_{t+1}^{t,t+1}}{BPG_{t}^{t,t+1}} \right] = EC^{t,t+1} \times BPC^{t,t+1} \tag{4-7}$$

实际应用过程中,式(4－7)由于考虑了环境因素,计算出来的GML值就成为环境全要素生产率(ETFP),分解出来的EC和BPC分别表示环境技术效率(ETE)和技术进步(TC)。$BPG_{s}^{t,t+1}$($s=t,t+1$)称为当期与Global技术前沿的“最佳实践者差距(best practice gap,BPG)”,$BPC^{t,t+1}$是衡量两个时期“最佳实践者差距”的变化(即技术变化),$BPC^{t,t+1}>1$说明技术进步,$BPC^{t,t+1}<1$说明技术倒退。

第二节　变量、数据及其描述性统计

(1)投入及期望产出变量。投入变量主要包括劳动力、土地、机械、化肥、役畜和灌溉。①劳动力投入,统计资料只有农林牧渔业总劳动力数量,需要将种植业劳动力从中分离。借鉴相关研究文献,以农业总产值占农林牧渔业总产值的比重为权重将总劳动力进行分离,作为种植业劳动投入。②土地投入,以农作物总播种面积而不是可耕地面积计算,因为耕地存在复种指数的差别,而且还存在抛荒和半抛荒等现象,播种面积比可耕地面积更能考虑对土地的实际利用率。③机械投入,统计资料中给出了农林牧渔业机械总动力,以农业总产值比重为权重将其分离,作为种植业机械投入。④化肥投入,以当年实际用于农业生产的化肥施用折纯量计算,包括氮、磷、钾和复合肥。⑤役畜投入,以大牲畜数量中实际用于农业作业的农用役畜数量计算。⑥灌溉投入,以每年各省(市、自治区)实际有效灌溉面积计算。期望产出为1978年不变价表示的农业总产值,本书指的是狭义层面的种植业。

(2)非期望产出。这里的非期望产出即是指上一章中的CO_2当量。

(3)数据说明。本书的数据来源于历年《中国统计年鉴》《中国农业年鉴》《中国农村统计年鉴》《中国农业统计资料》《新中国五十年农业统计资料》《新中国农业六十年统计资料》《新中国五十五年统计资料》,缺失数据根据地方统计年鉴予以补充。由此,本书最终构建了除西藏和重庆之外1991—2016年29个省(市、自治区)的农业投入产出面板数据。各变量的描述性统计值如表4-1所示。

表4-1　变量描述性统计

变量	变量描述	单位	观测数	均值	标准差	中位数	最小值	最大值
土地投入	农作物总播面	$\times 10^4 hm^2$	754	528.65	350.14	481.53	15.14	1 447.23
灌溉投入	有效灌溉面积	$\times 10^4 hm^2$	754	190.28	141.46	149.39	12.85	593.27
机械投入	农机总动力	$\times 10^4 kW \cdot h$	754	1 677.06	1 780.70	1 082.88	61.95	9 035.51
化肥投入	化肥折纯量	$\times 10^4 t$	754	161.56	129.19	123.82	5.80	716.10
役畜投入	农用役畜	万头	754	238.93	214.65	185.96	0.05	1 235.98
劳动力投入	农业劳动力	万人	754	745.01	588.75	587.19	24.81	2 899.17
农业总产值	农业总产值	亿元	754	224.15	192.09	174.72	7.69	1 033.17
二氧化碳当量		$\times 10^4 t$	754	2 899.09	2 261.97	2 161.38	114.54	8 083.94

第三节 农业环境全要素生产率(ETFP)增长及其成分贡献

一、全国及区域农业环境全要素生产率(ETFP)变动的特征与趋势

1. 全国农业环境全要素生产率(ETFP)及其成分变动的阶段性特征

利用MaxDEA(6.19版)软件计算出环境全要素生产率(ETFP)值、环境技术效率(ETE)值、技术进步(TC)值,其结果见表4-2,1991—2016年农业环境全要素生产率(ETFP)年均增长率为2.88%,环境技术效率(ETE)年均降低2.2%,技术进步(TC)年均增长率为5.19%。很明显,农业环境全要素生产率(ETFP)的增长由技术进步(TC)推动。技术进步(TC)代表生产前沿面的扩张,而环境技术效率(ETE)则代表各决策单元距离前沿面的差距,也就说明,农业环境全要素生产率(ETFP)增长主要由最佳实践者所主导生产前沿面扩张的"增长效应"贡献。

由分阶段①的变动来看,"八五""十五""十一五""十二五"时期农业环境全要素生产率(ETFP)表现出了增长趋势,年均增长率分别为8.15%、2.35%、5.44%、1.45%,"八五"期间的农业环境全要素生产率(ETFP)增长率最高。"八五"时期政府明确建立市场经济体制,改革进程显著加快,取得的最大成就是提前五年完成了到2000年实现国民生产总值比1980年翻两番的战略目

①相关文献的阶段划分主观性较强且各不相同。本书参考国家"五年计划"的划分标准,1991—2016年就包括了第八个"五年计划"到第十二个"五年计划",即"八五"到"十二五"。

标。这是一个了不起的成就，在中国经济发展史上是一个重要的里程碑。这一时期的农业在好的大环境下发展也比较显著，农产

表 4－2　1991—2016 年部分地区 ETFP 及其成分变化

年份	ETE	TC	ETFP	年份	ETE	TC	ETFP
1991—1992	0.997 1	1.002 6	0.999 8	“十五”	0.961 1	1.064 9	1.023 5
1992—1993	0.796 2	1.348 0	1.073 3	2006—2007	1.002 8	1.063 5	1.066 4
1993—1994	0.908 3	1.380 4	1.253 8	2007—2008	1.035 0	0.981 0	1.015 3
1994—1995	1.014 1	1.099 6	1.115 1	2008—2009	0.918 6	1.129 0	1.037 1
1995—1996	1.238 7	0.796 0	0.986 0	2009—2010	1.013 5	1.092 9	1.107 7
“八五”	0.980 4	1.103 1	1.081 5	2010—2011	0.997 0	1.050 8	1.047 7
1996—1997	0.986 7	0.978 5	0.965 5	“十一五”	0.992 5	1.062 3	1.054 4
1997—1998	0.985 6	0.972 6	0.958 6	2011—2012	0.990 9	1.046 3	1.036 8
1998—1999	1.000 9	0.974 9	0.975 8	2012—2013	0.938 0	1.109 2	1.040 4
1999—2000	0.987 3	0.992 1	0.979 5	2013—2014	0.976 6	1.035 2	1.010 9
2000—2001	0.956 7	1.032 1	0.987 3	2014—2015	0.983 9	1.010 8	0.994 6
“九五”	0.983 3	0.989 8	0.973 3	2015—2016	0.975 1	1.016 3	0.991 1
2001—2002	0.963 8	1.032 7	0.995 3	“十二五”	0.972 7	1.043 0	1.014 5
2002—2003	0.887 2	1.159 4	1.028 6	东部平均	0.985 0	1.050 4	1.034 6
2003—2004	1.015 3	1.045 4	1.061 4	中部平均	0.970 2	1.052 1	1.020 7
2004—2005	0.970 9	1.046 4	1.016 0	西部平均	0.976 3	1.054 2	1.029 2
2005—2006	0.973 1	1.045 5	1.017 4	总体平均	0.978 0	1.051 9	1.028 8

注：①ETE 表示环境技术效率，TC 表示技术变化，ETFP 表示环境全要素生产率；②表中的平均值均指几何平均值，后文相同。

品市场价格形成机制逐步建立。1993 年粮食实现购销同价和“保量放价”,统销制度彻底退出历史。1991—1996 年,农产品政府定价份额由 22.2%下降至 16.9%,政府指导价由 20%下降至 4.1%,市场调节价由 57.8%上升至 79.00%,同时,1993 年也出台粮食最低保护价政策。一系列惠农政策的激励促进了农业的发展与全要素生产率(TFP)的增长。这几个时期中唯一表现出退步的是“九五”时期,整个时期农业环境全要素生产率(ETFP)降低了2.67%,且环境技术效率(ETE)与技术进步(TC)均表现出不同程度的退步。实际上,这一时期确实是农业发展最艰难的时期。可能主要受亚洲金融危机、通货紧缩等大环境影响,“三农”问题特别突出,而且受上一阶段粮食持续增产影响,农产品出现结构性过剩,“谷贱伤农”。此外,分税制改革对基层财政影响日益明显,农民减负成为农业政策重点(李谷成等,2013)。这一时期还发生了 1998 年的严重自然灾害。所有因素叠加,使得这一时期的农业发展相对艰难。由分阶段的环境全要素生产率(ETFP)成分来看,技术进步(TC)仍然是推动环境全要素生产率(ETFP)增长的源泉,各时期的环境技术效率(ETE)均为负增长。技术进步(TC)程度高低与农业环境全要素生产率(ETFP)增长快慢紧密相关。

2.农业环境全要素生产率(ETFP)及其成分变动的区际差异

由表 4-2 右下方的均值可以看出,东、中、西部[①]地区农业环境全要素生产率(ETFP)变动的差异较大。东部地区环境全要素

---

①东部地区包括北京、天津、河北、辽宁、上海、江苏、浙江、福建、山东、广东、广西、海南;中部地区包括山西、内蒙古、吉林、黑龙江、安徽、江西、河南、湖北、湖南;西部地区包括四川、贵州、云南、陕西、甘肃、青海、宁夏、新疆。

生产率(ETFP)增长代表全国最高水平,年均增长3.46%,其次是西部地区(2.92%)和中部地区(2.07%);西部地区的技术进步(TC)代表全国最高水平,年均增长5.42%,其次是中部地区(5.21%)和东部地区(5.04%);东、中、西部地区的环境技术效率(ETE)均表现出退化趋势,年均分别降低1.5%、2.98%、2.37%,中部地区的退化趋势最为明显。中部地区的环境全要素生产率(ETFP)年均增长率低于全国平均水平(2.88%),东部地区的技术进步(TC)年均增长率低于全国平均水平(5.19%),中西部地区环境技术效率(ETE)的年均减少率高于全国平均水平(2.2%)。由此可见,各地区农业环境全要素生产率(ETFP)增长的源泉是技术进步(TC),环境技术效率(ETE)的降低拉低了环境全要素生产率(ETFP)的增长。作为粮食主产区的中部地区,在技术进步增速偏低、技术效率退步较快的双重作用下,农业增长的环境绩效最低,这显然不利于长期的农业可持续发展。

以上对部分地区层面的全方位分析均说明,在技术效率退步的情况下,农业环境绩效增长的主要推动力是技术进步。事实上,从中华人民共和国建立伊始,政府就很重视农业科技创新问题,多年来逐渐建立了从中央到地方、从农业科研院所到涉农企业等一系列完整的农业研发体系,如中央和省级农业院校,国家、省和县(市)级农业科学院(所),农业企业孵化器等。但是,农业科研研发的成果不能及时、有效地转化并推广使用,农业技术推广体系、农业社会化服务体系始终不能够发挥应有的作用。长期以来,基层农业技术推广体系"线断、网破、人散"和"最后一公里"问题未得到根本解决,创新和推广"两层皮",一方面导致科研供给与市场需求(尤其是农民需求)脱节,另一方面导致科研成果闲置浪费,转化率低。最终导致在农业技术进步的同时,技术效率低下,农技推广和扩散并不成功(陈卫平,2006;李谷成等,2013;周端明,2009)。

3. 环境全要素生产率(ETFP)及其成分变动的累积性趋势对比

上述环境全要素生产率(ETFP)及其成分分解都是基于相邻两期计算,是一种分阶段的离散形式。这些指数的累积性变化则可以更加连续、全面地反映考察期的变动情况。图4-1至图4-3为1991—2016年农业环境全要素生产率(ETFP)及其成分的累

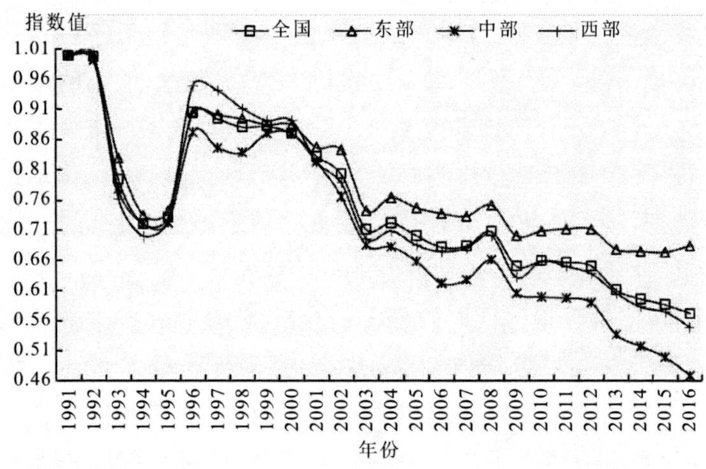

图4-1 全国及东、中、西部地区1991—2016年环境技术效率累积性变动对比图

积性变化对比图,图中折线是以1991年为基期,后续年份累积性变化而绘制。图4-1中全国及东、中、西部地区环境技术效率(ETE)曲线表现出连续下降趋势:中部地区垫底,累计性指数由1降低为0.469 3,降低了53.07%;东部地区处于最上方,指数由1降低为0.684 6,降低了31.54%;西部地区围绕着全国平均水平

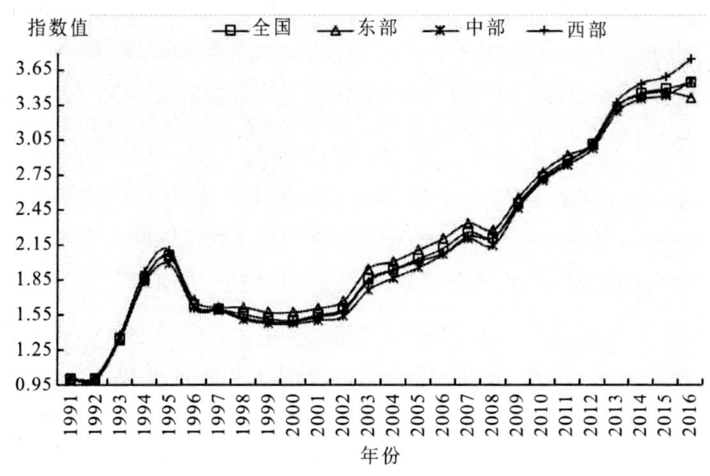

图 4－2　1991—2016 年全国及东、中、西部地区技术进步累积性变动对比图

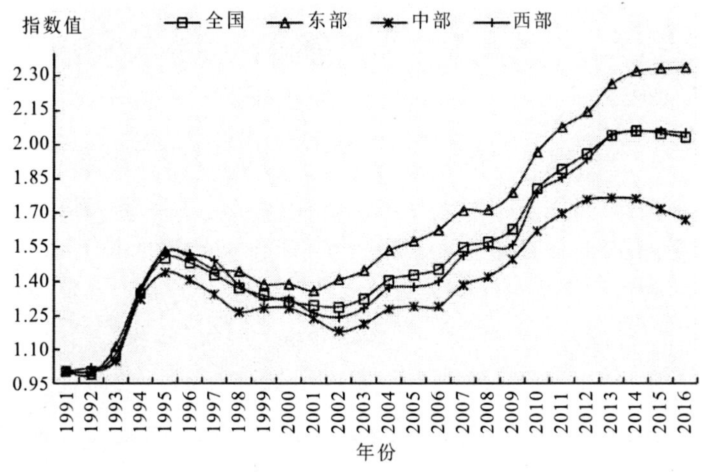

图 4－3　1991—2016 年全国及东、中、西部地区环境全要素生产率累积性变动对比图

波动,指数由 1 降低为 0.549 3,降低了45.07%;全国平均指数由 1 降低为 0.573,降低了 42.7%。由此可见,中部地区的环境技术效率(ETE)下降最为明显,而东部地区的下降幅度最小。

图 4-3 中的东部地区环境全要素生产率(ETFP)曲线整体处于最上方,1991—2016 年环境全要素生产率(ETFP)增长了 133.8%,且除了 1992 年外的所有累积性指数均大于全国平均值;最下方的中部地区环境全要素生产率(ETFP)增长了 66.97%,除了 1992 年外的所有累积性指数均小于全国平均值;西部地区的环境全要素生产率(ETFP)增长了 105.55%,变动趋势与全国平均水平相似,而全国环境全要素生产率(ETFP)增长了 103.26%。相对来说,东、中、西部地区技术进步(TC)变化差异不大(图 4-2),随着时间推移均表现出增长趋势,其中,东部地区增长了 241.5%,中部地区增长了 255.81%,西部地区增长了 274.18%,全国平均增长了 254.71%。

二、农业环境全要素生产率(ETFP)及其成分变动的区域对比

表 4-3 各地区数据显示出了农业环境全要素生产率(ETFP)及其成分变动的巨大区域差异。以各参数的全国平均值为分界点来看,全国农业环境全要素生产率(ETFP)年均增长 2.88%,超过一半省(市、自治区)的均值位于其上,其中来自东部地区的有浙江、北京、福建、江苏、天津、广东、上海、广西、河北,来自西部地区的有四川、青海、贵州、陕西,来自中部地区的只有山西、湖南。所有省(市、自治区)的环境全要素生产率(ETFP)均表现出年均正增长的趋势。全国环境技术效率(ETE)年均递减 2.2%,15 个地区的年均变化位于均值之上,其中浙江年均递增 0.73%,北京、上海环境技术效率(ETE)保持不变,青海、四川、江苏、贵州、福建、

表 4-3　1991—2016 年各省(市、自治区)农业 ETFP 及其成分变动对比

地区	ETE	TC	ETFP	地区	ETE	TC	ETFP
北京	1.000 0	1.047 2	1.047 2	河南	0.967 9	1.051 0	1.017 2
天津	0.981 0	1.055 4	1.035 3	湖北	0.972 9	1.052 5	1.023 9
河北	0.977 3	1.053 1	1.029 2	湖南	0.985 8	1.051 5	1.036 5
山西	0.985 0	1.052 4	1.036 6	广东	0.979 6	1.055 6	1.034 1
内蒙古	0.959 1	1.051 0	1.008 0	广西	0.979 5	1.053 8	1.032 2
辽宁	0.981 7	1.045 7	1.026 5	海南	0.967 2	1.051 2	1.016 7
吉林	0.961 9	1.049 3	1.009 3	四川	0.994 3	1.054 8	1.048 8
黑龙江	0.964 7	1.049 2	1.012 2	贵州	0.987 1	1.052 0	1.038 4
上海	1.000 0	1.032 7	1.032 7	云南	0.971 0	1.048 0	1.017 5
江苏	0.987 2	1.049 4	1.036 0	陕西	0.981 1	1.053 1	1.033 2
浙江	1.007 3	1.049 4	1.057 0	甘肃	0.967 8	1.051 7	1.017 9
安徽	0.962 6	1.061 7	1.022 0	青海	0.994 6	1.049 4	1.043 7
福建	0.986 9	1.055 0	1.041 2	宁夏	0.968 2	1.057 5	1.023 9
江西	0.972 2	1.050 3	1.021 1	新疆	0.947 3	1.067 3	1.011 1
山东	0.972 6	1.056 1	1.027 1	总体均值	0.978 0	1.051 9	1.028 8

湖南、山西、辽宁、陕西、天津、广东、广西的年均环境技术效率(ETE)均有不同幅度的降低,但幅度均小于全国均值。年均递减幅度大于全国均值的14个省(市、自治区),东部地区的仅有河北与山东2个,中、西部地区有12个,中部地区的有湖北、江西、河南、黑龙江、安徽、吉林、内蒙古,西部地区的有云南、宁夏、甘肃、海南、新疆,最低的新疆年均递减5.27%。全国技术进步(TC)年均增长5.19%,14个地区的技术进步(TC)增长值高于这一均值,其中东部地区有6个(山东、广东、天津、福建、广西、河北),中部地区有3个(安徽、湖北、山西),西部地区有5个(新疆、宁夏、四川、陕西、贵州),上海技术进步(TC)增长率为3.27%,排名垫底。总体来讲,东部地区推动了全国农业环境全要素生产率(ETFP)的增长,作为粮食主产区与农业大省的中部地区的农业环境绩效并不理想,大多低于全国平均水平。因此,尤其对于资源环境压力较大的中、西部地区来说,推进农业发展的转型确实迫在眉睫。

第四节　农业低碳转型评价

以上述的环境全要素生产率(ETFP)值为基础,借鉴吴延瑞(2008)、李婧等(2013)、陈诗一(2010c)的研究方法,计算环境全要素生产率(ETFP)对农业增长的贡献及贡献份额。同时,为了进行更好地比较,借鉴樊纲等(2003)构建中国各地区市场化进程指数的方法以及陈诗一(2012)构建各地区低碳转型指数的方法,本书进一步对各地区环境全要素生产率(ETFP)的贡献份额值进行标准化处理,作为低碳转型指数值,这些值均分布在0到1之间。指数值的计算公式分为两大类,当环境全要素生产率(ETFP)的贡献份额值大于或等于低碳转型的阈值0.5时,标准化处理后的转型指数值按式(4－8)计算，得分越高说明低碳转型的程度越高，当贡献份额值小于 0.5 时，转型指数值按式(4－9)计算，分值越高说明该地区越接近低碳转型。

$$\text{第 } i \text{ 个地区低碳转型指数值}=\left(1+\frac{V_i-0.5}{V_{\max}-0.5}\right)\times 0.5\text{，若 } V_i\geqslant 0.5 \tag{4-8}$$

$$\text{第 } i \text{ 个地区低碳转型指数值}=\left(1-\frac{0.5-V_i}{0.5-V_{\min}}\right)\times 0.5\text{，若 } V_i< 0.5 \tag{4-9}$$

式(4－8)和式(4－9)中，V_i 代表第 i 个地区环境全要素生产率(ETFP)贡献份额值的原始值；$V_{\max}$ 与 $V_{\min}$ 分别为样本各时期内 29 个地区中贡献份额值的最大值与最小值。

根据式(4－8)和式(4－9)计算全国及各地区的低碳转型指数，指数变化趋势见图 4－4～图 4－8。低碳转型指数曲线变化的起伏均较大(图 4－4)，但表现出不同的变化趋势。全国转型指数(图 4－5)最大的为 1994 年的 0.531 5，最小的为 1996 年的 0.359 6，25 年间超过 0.5 的只有 7 年(1992 年、1994 年、1998 年、2000 年、2003 年、2007 年、2008 年)，小于 0.4 的有 1996 和 2014 两年。从变化趋势来看，全国的低碳转型进程逐渐放缓；东部地区转型指数(图 4－6)最大的 2010 年达到了0.567 7，最小的 1996 年只有 0.357 4，25 年间超过 0.5 的有 12 年，其中 2000 年以前的有 1992 年、1993 年、1994 年、1998 年、1999 年，2000 年及以后的有 2000 年、2003 年、2008 年、2010 年、2011 年、2013 年、2014 年，小于 0.4 的只有 1996 年，东部地区低碳转型进度缓慢增加；中部地区转型指数(图 4－7)最大的 2016 年达到了0.613 9，最低的 1997 年只有0.308 4，超过 0.5 的只有 1998 年、2000 年、2007 年、2016 年，虽然中部地区低碳进程在缓慢增加，但转型指数低于 0.4

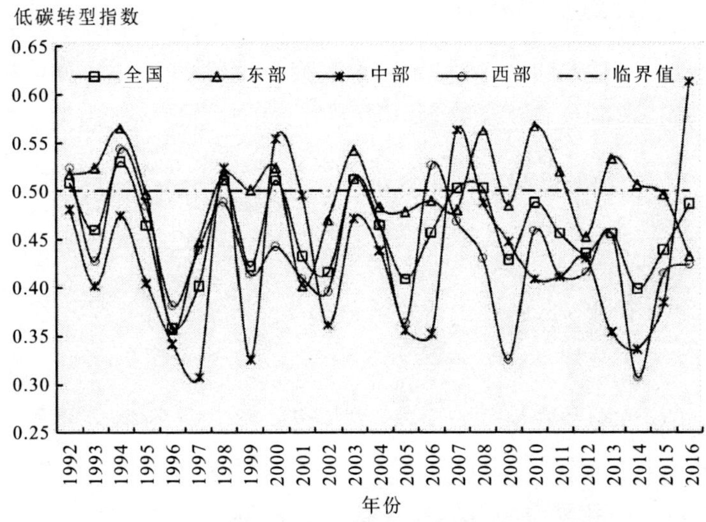

图 4-4　1992—2016 年全国及东、中、西部地区低碳转型指数平均变化趋势

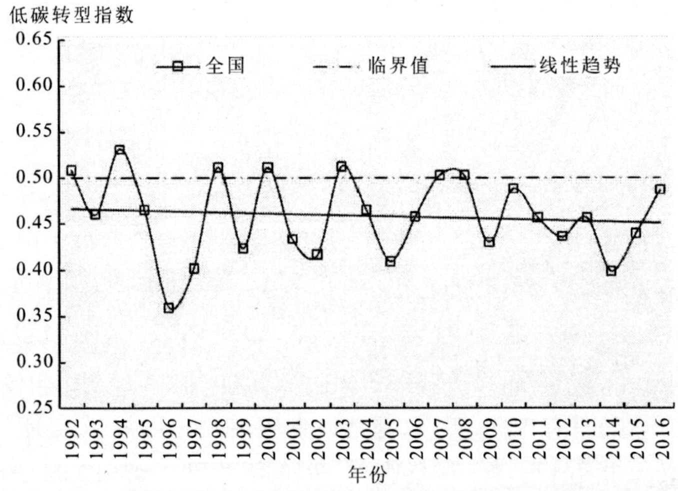

图 4-5　1992—2016 年全国低碳转型指数平均变化趋势

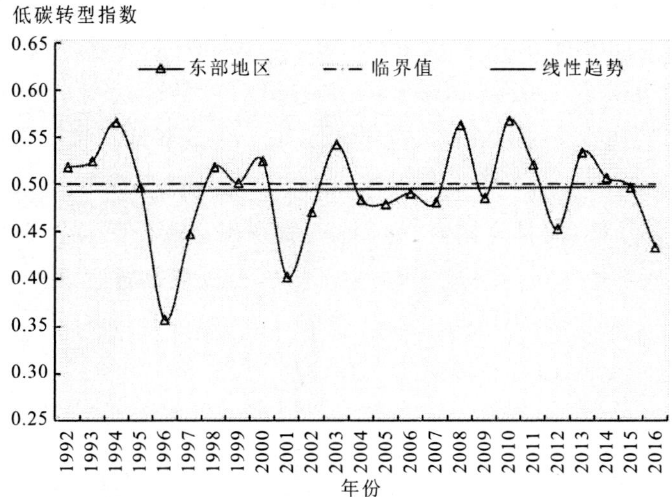

图 4-6 1992—2016 年东部地区低碳转型指数平均变化趋势

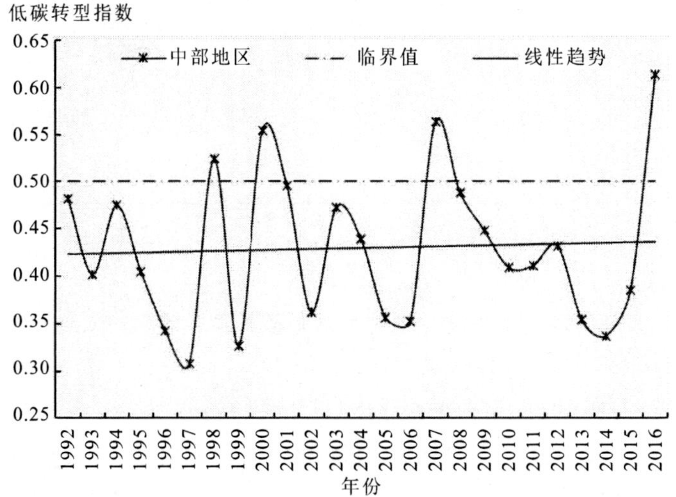

图 4-7 1992—2016 年中部地区低碳转型指数平均变化趋势

的有 9 年;西部地区转型指数(图 4 - 8)最大的 1994 年就达到了 0.544 1,最小的 2014 年又降到了0.307 3,与中部地区一样,超过 0.5 的也只有 1992 年、1994 年、2003 年、2006 年,小于 0.4 的有 1996 年、2002 年、2005 年、2009 年、2014 年,西部地区整体低碳转型趋势减速明显。由以上分析可知,东部地区低碳转型水平最高,西部最低,而且全国及西部地区表现出低碳发展逐渐放缓的趋势,西部地区最为明显。东、中部地区低碳发展进程缓慢提高。无论是低碳进程加快还是减速,全国及东、中、西部地区的平均变化均低于 0.5,即低碳转型还没有发生。

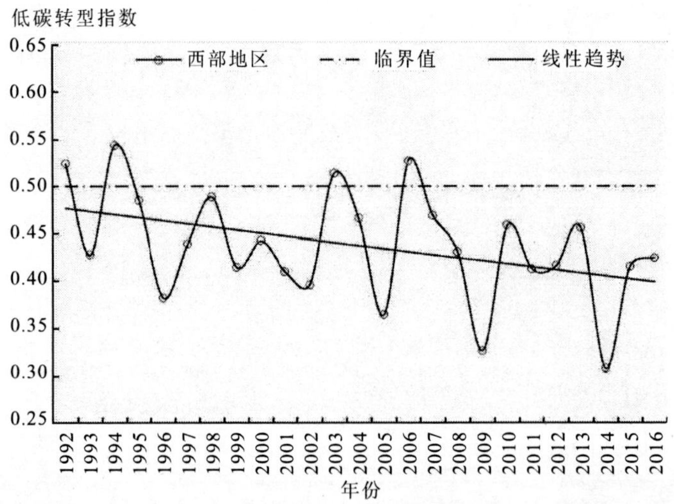

图 4 - 8　1992—2016 年西部地区低碳转型指数平均变化趋势

表 4 - 4 显示了各地区低碳转型评估指数从“八五”到“十二五”5 个“五年规划”时期的平均指数。从每个“五年规划”时期来看,少数地区的低碳转型成功发生,转型成功个数最多的为“十一五”时期(2006—2011 年),达到了 12 个,分别是上海、北京、江苏、

天津、山东、河北、吉林、湖南、辽宁、四川、江西、安徽，而“八五”“九五”及“十二五”期间转型成功的地区只有6个，最低的“十五”期间只有浙江、福建、上海、四川转型成功。总体上，每个五年规划时期的平均指数均低于0.5(处于0.443 8～0.476 5之间)，按平均值来看每个规划期的低碳转型均未发生。

表4-4　1991—2016年各地区不同时期低碳转型指数

时间 地区	“八五”	“九五”	“十五”	“十一五”	“十二五”
	1991—1996	1996—2001	2001—2006	2006—2011	2011—2016
北京	0.672 2	0.431 5	0.311 4	0.626 3	0.585 2
天津	0.452 1	0.560 2	0.376 1	0.596 5	0.504 5
河北	0.477 3	0.486 2	0.417 8	0.572 5	0.675 2
山西	0.453 8	0.451 8	0.284 3	0.492 8	0.474 5
内蒙古	0.423 9	0.493 7	0.426 9	0.460 9	0.415 5
辽宁	0.459 4	0.471 4	0.439 5	0.522 4	0.482 9
吉林	0.496 8	0.478 9	0.370 5	0.556 3	0.421 3
黑龙江	0.465 1	0.407 0	0.394 9	0.317 1	0.500 2
上海	0.403 1	0.494 9	0.584 8	0.647 4	0.461 2
江苏	0.405 5	0.524 9	0.481 4	0.611 9	0.373 4
浙江	0.571 3	0.476 6	0.820 6	0.471 4	0.507 8
安徽	0.439 1	0.349 4	0.446 4	0.502 3	0.361 7
福建	0.471 9	0.366 0	0.590 1	0.481 9	0.453 4
江西	0.582 2	0.446 6	0.427 0	0.510 0	0.445 8

续表 4-4

地区 \ 时间	“八五”	“九五”	“十五”	“十一五”	“十二五”
	1991—1996	1996—2001	2001—2006	2006—2011	2011—2016
山东	0.421 3	0.356 1	0.467 6	0.577 4	0.428 1
河南	0.442 2	0.336 3	0.338 1	0.388 3	0.510 2
湖北	0.468 1	0.488 1	0.439 1	0.419 2	0.317 1
湖南	0.021 0	0.526 3	0.440 4	0.529 9	0.373 4
广东	0.564 2	0.489 4	0.484 7	0.389 9	0.476 3
广西	0.553 2	0.575 7	0.480 2	0.431 5	0.427 1
海南	0.457 2	0.511 6	0.465 7	0.353 4	0.442 6
四川	0.488 1	0.515 6	0.583 4	0.516 9	0.450 8
贵州	0.460 3	0.340 4	0.431 7	0.424 8	0.481 2
云南	0.470 2	0.450 5	0.434 8	0.398 5	0.430 4
陕西	0.485 4	0.429 6	0.453 9	0.476 9	0.443 8
甘肃	0.423 5	0.466 4	0.414 1	0.417 4	0.418 7
青海	0.457 5	0.420 3	0.496 8	0.377 7	0.395 3
宁夏	0.554 2	0.392 7	0.431 4	0.461 6	0.292 2
新疆	0.442 7	0.498 3	0.383 1	0.284 6	0.321 2
平均	0.464 9	0.456 4	0.452 3	0.476 5	0.443 8
超过 0.5 的个数	6	6	4	12	6

图 4－9 为 1991—2016 年各地区平均农业低碳转型指数对比图。整个时期的平均指数为 0.458 8，转型没有成功发生。其中，平均指数大于 0.5 的只有浙江（0.569 6）、河北（0.525 8）、北京（0.525 3）、上海（0.518 3）、四川（0.511 0），低于 0.4 的为新疆（0.386 0）和湖南（0.378 2）。由此可见，整个 25 年间，绝大多数地区的农业发展仍然是传统的高碳排放方式，农业低碳转型没有发生。

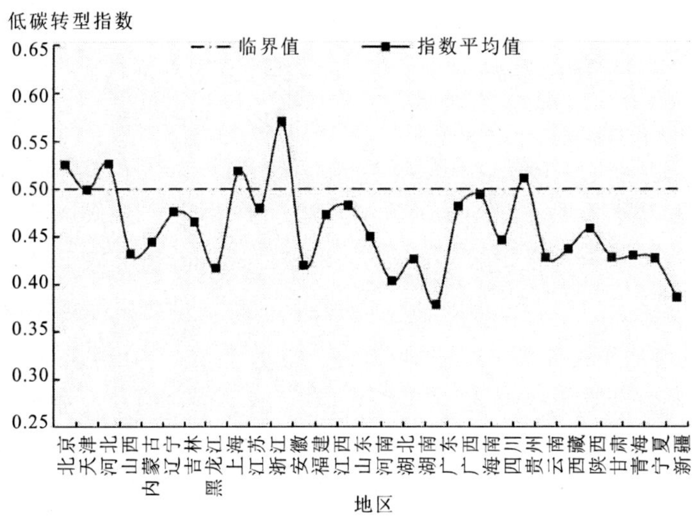

图 4－9　1991—2016 年各地区低碳转型平均指数对比

第五节　本章研究结论

（1）农业环境技术效率（ETE）与生产率总体状况。1991—2016 年农业环境全要素生产率（ETFP）年均增长率为 2.88%，环境技术效率（ETE）年均降低 2.2%，技术进步（TC）年均增长为

5.19%,农业环境全要素生产率(ETFP)的增长由技术进步(TC)推动。其中,“八五”“十五”“十一五”“十二五”时期农业环境全要素生产率(ETFP)表现出了增长趋势,年均增长率分别为8.15%、2.35%、5.44%、1.45%,而“九五”时期的农业环境全要素生产率(ETFP)降低了2.67%,且环境技术效率(ETE)与技术进步(TC)均表现出不同程度的退步。

(2)农业环境技术效率(ETE)与生产率区域差异。东部地区环境全要素生产率(ETFP)增长(3.46%)代表全国最高水平,其次是西部地区(2.92%)和中部地区(2.07%);西部地区的技术进步(TC)代表全国最高水平(5.42%),其次是中部地区(5.21%)和东部地区(5.04%);东、中、西部地区的环境技术效率(ETE)均表现出退化趋势,年均分别降低1.5%、2.98%、2.37%,中部地区的退化趋势最为明显。中部地区的环境全要素生产率(ETFP)年均增长率低于全国平均水平(2.88%),东部地区的技术进步(TC)年均增长率低于全国平均水平(5.19%),中、西部地区环境技术效率(ETE)的年均减少率高于全国平均水平(2.2%)。由此可见,各地区农业环境全要素生产率(ETFP)增长的源泉也是技术进步(TC),环境技术效率(ETE)的降低拉低了环境全要素生产率(ETFP)的增长。

(3)农业环境技术效率(ETE)与生产率的累积性变化。全国及东、中、西部地区环境技术效率(ETE)曲线表现出连续下降趋势,全国平均指数降低42.7%,东、中、西部地区分别降低31.54%、53.07%、45.07%,中部地区的环境技术效率(ETE)下降最为明显,而东部地区的下降幅度最小。东部地区环境全要素生产率(ETFP)曲线整体处于最上方,1991—2016年环境全要素生产率(ETFP)增长了133.8%,处于最下方的中部地区环境全要素生产率(ETFP)增长了66.97%,西部地区则增长了105.55%,变动趋势与全国平均水平相似,而全国环境全要素生产率(ETFP)增长了103.26%。东、中、西部地区技术进步(TC)变化差异不大且表现出增长趋势,东部地区增长了241.5%,中部地区增长了255.81%,西部地区增长了274.18%,全国平均增长了254.71%。

(4)低碳转型进程方面。东部地区低碳转型水平最高,西部最低,全国及西部地区表现出低碳发展逐渐放缓的趋势,西部地区最为明显,东、中部地区低碳发展进程缓慢提高。无论是低碳水平增加还是降低,全国及东、中、西部地区的平均水平均低于0.5,即低碳转型还没有成功发生。

农业发展低碳转型的影响因素分析

伴随着世界经济的快速增长，全球范围内环境质量的持续恶化引起了公众的普遍担忧。近年来，经济增长（发展）与环境质量变化之间的关系越来越受到关注，借鉴 Kuznets（1955）关于收入分配与经济增长之间呈倒“U”形曲线的论述，一些学者指出经济增长与环境质量之间也可能存在着倒“U”形曲线的关系，经济发展初期，经济增长、人均收入的提高会导致环境质量的下降；当经济增长超过某一临界点后，人均收入的提高会有助于环境质量的改善。经济增长与收入之间的这种关系又被称为环境库兹涅茨曲线（EKC），受这一研究的启发，大量学者展开了广泛而深入的理论探讨与实证分析。基于 EKC 的研究均集中于工业领域，将 EKC 分析框架运用于农业领域的文献不多，而且极少有学者在 EKC 的框架内分析碳排放约束下农业生产率增长的驱动因素，本章拟在这一研究领域展开尝试。

第一节　模型、变量与数据

环境库兹涅茨曲线（EKC）理论认为收入分配与经济增长之间存在倒“U”形曲线关系，经济增长最初导致环境质量降低，当增长超过临界点后，人均收入水平的提高有助于改善环境质量。通过简约式模型来验证污染物排放与收入水平之间是否存在倒“U”

形曲线关系，忽略了将投入转化为产出及污染物的生产过程，正是这一过程才可能导致环境质量在高收入水平上的改善（Färe 等，2003）。鉴于此，可根据生产经济学原理构建包含生产过程的单一的环境绩效指标，其中利用方向性距离函数（DDF）方法构建生产率指数并据此计算环境绩效的思路格外受到推崇①。

环境绩效与收入关系的研究较少且主要集中在工业领域，这些研究以工业污染物排放为约束，验证环境绩效指数与人均收入之间是否存在倒"U"形曲线关系。Managi 等（2008）发现，在二氧化硫、二氧化氮、颗粒悬浮物约束下，印度环境全要素生产率（ETFP）与收入水平之间存在倒"U"形曲线关系；Kumar 等（2009）测算了 38 个国家的环境技术效率（ETE）与环境生产率，发现效率值及生产率值都分别与收入之间存在 EKC 关系；Wang 等（2014）发现，中国二氧化碳排放效率与收入呈"N"形曲线关系。国内学者也发现，环境绩效水平与收入存在倒"U"形曲线关系（杨俊等，2009）、"U"形曲线关系（王兵等，2010）。农业环境绩效与收入关系的实证研究极少，本书拟进行尝试。效率与生产率值具有非负截断特征，对这类受限因变量模型的估计，用 OLS 法会得到有偏的结果，Tobit 模型更合适。固定效应 Tobit 模型通常不能得到一致、无偏的估计量，随机效应模型更好（陈强，2014）。本书建立如下随机效应 Tobit 模型：

$$Y_{k,it}^{C} = \alpha_{it} + \beta_1 I_{it} + \beta_2 I_{it}^2 + \sum_j \varphi_j x_{j,it} + u_i + e_{it} \qquad (5-1)$$

①需要注意的是，传统 EKC 分析中，倒"U"形意味着伴随收入增加污染物排放先增加后降低，到达临界点前环境质量逐渐下降。在环境绩效与收入水平关系的分析中，"U"形曲线关系直接说明伴随收入增加环境绩效先降低后提高，其含义类似于 EKC 的倒"U"形曲线特征。

式(5-1)中，Y 为因变量，当 $k=1,2,3$ 时，分别代表环境全要素生产率(ETFP)、环境技术效率(ETE)、技术进步(TC)，上标 C 表示其累积性取值①；I 代表人均收入；x 代表控制变量；u_i 代表个体效应标准差(个体误差)；e_{it} 代表随机干扰项标准差(随机误差)；$i=1,2,\cdots,29$，代表中国 29 个省(市、自治区)；t 代表年份；$j=1,2,\cdots,9$，代表 9 个控制变量。根据数据的可获得性并参考相关研究的做法，本书选取如下自变量：①人均收入(I)，参考 Magnani 等(2000)选择人均收入变量的做法，本书采用的变量以 1978 年不变价的农业总产值除以乡村总人数来表示，并且模型中引入收入平方项。②农业结构(x_1)，该变量用粮食播种面积占农作物总播种面积的比重来表示。③经济结构变动(x_2)，该变量用第一产业增加值占地区生产总值的比重来表示，这也是参考了 Panayotou (1997)的做法②。④相对价格变动(x_3)，农民生产决策受农业生产资料价格指数和农产品生产价格指数的影响，本书加入该两个指数的比值以反映相对价格的变动。⑤受灾率(x_4)，该变量用受灾面积与农作物总播种面积的比值来表示。⑥农业财政支持(x_5)，该变量用各地财政总支出中农业相关支出所占比重来表示。⑦收入分配(x_6)，该变量用城市居民人均可支配收入与农村居民人均纯收入的比值来表示。Boyce(1994)深入分析了政治权力和财富分配不平等与环境质量之间的关系，为后续实证研究奠

---

①对于作为因变量的 ETFP、ETE 与 TC，是选择原值还是其累积性取值，国内外相关研究并无统一的处理方式。考虑到累积性取值更能体现各指数随年份推进的连续性、可比性变动，本书选择累积性取值。

②Panayotou(1997)在分析 SO_2 排放与经济增长之间的关系时，引入了工业增加值占 GDP 的比重来反映经济结构的变动情况，因为工业与能源使用密切相关，而后者是 SO_2 的主要来源。

定了理论基础。考虑到城镇居民与农民的相对收入变动可能对农民的生产决策产生影响，进而可能影响到农业增长的环境绩效水平。鉴于此，本书拟分析不平等状况对农业增长环境绩效的影响，用收入不平等作为不平等的替代变量。⑧农民收入构成(x_7)，该变量用农民人均纯收入中工资性收入的比重来表示。⑨城市化率(x_8)，该变量以城市人口与总人口的比值来表示。⑩对外开放度(x_9)，该变量用经过汇率折算的各地进出口总值与地区生产总值的比值来表示①。表 5-1 是各变量描述性统计值。

表 5-1　变量的描述性统计值

变量	变量描述	观测数	均值	标准差	中位数	最小值	最大值
ETE	环境技术效率	754	0.76	0.18	0.76	0.26	1.20
TC	技术进步	754	2.16	0.82	1.93	0.67	5.10
ETFP	环境全要素生产率	754	1.56	0.50	1.44	0.67	4.00
I	人均收入(万元)	754	1.06	0.81	0.82	0.21	5.11
x_1	粮食播种面积比重	754	0.68	0.12	0.69	0.33	0.96
x_2	第一产业增加值比重	754	0.16	0.09	0.15	0.00	0.41
x_3	价格指数比	754	1.11	0.20	1.08	0.71	1.91
x_4	受灾率	754	0.29	0.16	0.26	0.00	0.94
x_5	农业财政支出比重	754	0.09	0.03	0.08	0.01	0.19
x_6	城乡收入比	754	2.69	0.72	2.66	0.26	4.76
x_7	农民工资性收入比例	754	0.32	0.17	0.32	0.01	0.79
x_8	城市化率	754	0.45	0.18	0.44	0.14	0.90
x_9	对外开放度	754	0.30	0.38	0.13	0.03	2.20

①根据本书研究目的，用农产品进出口总值与农业生产总值的比值来表示农业开放程度可能更加精确，但是，1997 年之前的农产品进出口总值数据无法获得，本书用各地进出口总值与地区生产总值的比值作为对外开放度的替代变量。

(1)人均收入(I)。加入控制变量前的环境全要素生产率(ETFP)、技术进步(TC)模型表现出显著的倒"U"形曲线特征,拐点处的人均收入为7 342.66元、6 201.63元;环境技术效率(ETE)模型表现出显著的"U"形特征,拐点处人均收入为5 055.97元。加入控制变量后,环境技术效率(ETE)模型收入平方项系数仍为正但变得不显著,"U"形特征消失;环境全要素生产率(ETFP)与技术进步(TC)模型的倒"U"形特征仍然显著,拐点分别为7 431.82元和7 009.57元。表5-1中人均收入观测值的平均值为1.06万元,最大值为5.11万元,因此曲线均未到达拐点。随着收入增长,环境全要素生产率(ETFP)与技术进步(TC)将持续提升,而环境技术效率(ETE)将降低。

(2)农业结构调整(x_1)对环境全要素生产率(ETFP)与技术进步(TC)的负向影响显著。虽然各地农业生产的结构调整进度不一,但1991—2016年全国粮食作物占农作物总播种面比重由75.08%下降到67.83%,本书实证说明,伴随粮食作物种植面积的比重降低,环境全要素生产率(ETFP)与技术进步(TC)会逐渐提高。

(3)经济结构变动(x_2)对环境技术效率(ETE)与技术进步(TC)的正向、负向影响显著。1978年以来,第一产业增加值占GDP比重由28.4%降低到1991年的24.7%,再降低到2016年的8.6%;农业产值占农林牧渔业总产值的比重也由79.99%降低到63.09%,再降低到52.89%。实证说明这一过程中的环境技术效率(ETE)降低而技术进步(TC)提高。可从以下两点来理解这一结果。第一,农业相对份额下降的背后是产值的绝对增加与规模的集中扩大。粮食连年增产、农业持续增收已是不争的事实,目前农产品加工龙头企业、农业合作社等组织的发展方兴未艾,土地流转机制正在逐步建立并完善，农业生产专业化与区域化速度加快，农业发展逐渐走上规模经营的道路。第二，与农业份额下降相对应的是第二产业的稳定增长与第三产业的崛起并快速发展，这是反哺与支持农业发展的重要产业力量。因此，数据与实证的直观结果是农业"看似在萎缩"，实际上其基础性地位并没有动摇，技术进步在提高，更有其他产业的支持。

(4)相对价格变动(x_3)对环境技术效率(ETE)正向、对技术进步(TC)负向影响显著。价格指数比降低反映的是农业生产资料价格的增幅小于农产品销售价格的增幅，实证说明，若 x_3 降低则环境全要素生产率(ETFP)、环境技术效率(ETE)与技术进步(TC)将提高。实际上，农户正是根据农业投入要素价格及农产品的销售情况做出生产决策，低投入成本和高销售收入是他们追求的目标。本书实证与理论预期一致。

(5)受灾率(x_4)对环境技术效率(ETE)正向、对技术进步(TC)负向影响显著，这与农业"靠天吃饭"的特性有关，与农业发展的现实状况一致，即受灾率越高，越限制了农业技术进步的发展，但为了保证农产品的供给，必须要通过提高技术效率才能达到。

(6)农业财政支持(x_5)对环境技术效率(ETE)负向、对技术进步(TC)正向影响显著。实证结果说明虽然财政支出是环境技术效率(ETE)及技术进步(TC)变动的重要影响因素，但支出份额总体较小且变化不大，发生影响的幅度也不大。理论上，财政支出一定时农业支出比重越高，应该越有利于推动农业增长，但本书对环境技术效率(ETE)产生负向显著影响的结论却不符合这一预期。实际上，农业财政支持还涉及到执行效率与结构问题。我国农业财政支持的结构与执行效率并不理想，妨碍了财政支农目的的顺利实现。李焕彰等(2004)研究了财政支农的配置与效率问题,发现财政支农结构存在较大的偏差,农业公共产品投入不足极大地制约着农业可持续增长的潜力。沈坤荣等(2007)也认为财政对农业的公共支出监督管理体制不完善,运用效率低下,扭曲的支出结构影响了公共支出促进农民收入增长、降低贫困和缩小城乡差距的整体绩效。由此可见,逐步增加财政支农份额并合理配置支农项目结构是未来推进农业发展的有效途径之一。

(7)收入分配(x_6)对环境技术效率(ETE)、技术进步(TC)的负向影响显著。学者们对不平等状况(如收入不平等、种族不平等、教育不平等)与环境之间的关系进行了研究,结果并不一致。部分学者支持 Boyce(1994)的观点,认为收入分配的平等化有利于环境质量的提高(Torras 等,1998)。高收入国家的收入不平等与公众对环保的意识负相关,若收入水平的提高伴随着不平等程度的加深,那么国家的经济增长对环境保护支出具有负面影响(Magnani,2000)。Boyce 等(1999)认为不平等程度提高会降低环境政策的约束力度,进一步恶化环境并对公众健康产生不利影响。Heerink 等(2001)认为降低收入不平等程度本身是好的,但至少在短期和中期会加剧环境质量破坏程度。国内学者李海鹏等(2006)发现收入差距扩大会刺激 CO_2 排放,缩小居民收入差距将有利于环境质量的改善和提高。但另一部分学者却得出了相反的结论,他们认为在收入不平等程度提高的过程中,人们对环境质量提出了更高的要求,环境质量逐渐改善;在收入平等化过程中,污染物排放量反而增加(Brannlund 等,2008;Gassebner 等,2008;Gassebner 等,2011;Qu 等,2011;Ravallion 等,2000)。Bousquet 等(2005)综合了两种截然不同的结论,Bousquet 等(2005)认为在收入水平很低的阶段,收入不平等程度和环境退化程度同时提高，人们愿意以环境的退化和收入差距的扩大换取高消费；但如果处于高生活水平，人们更加关注环境质量提升和社会平等，此时政府在公众的压力下就会推行平等化政策及环境保护政策，以使收入差距降低、环境质量改善。Scruggs(1998)还认为实际结果取决于不同权力和收入群体对环境的偏好以及社会制度规则。改革开放以来，我国城乡收入差距呈逐年扩大的趋势，实证结果意味着这对农业技术进步及技术效率提高有负面影响。

(8)农民收入构成(x_7)对环境技术效率(ETE)负向、对技术进步(TC)正向影响显著。工资性收入是农民增收的重要来源之一，1990—2013年，全国农民人均纯收入中工资性收入比重由20.22%提高到45.25%，增长了一倍多。本书实证与直观预期相一致，工资性收入的快速增加大力推动了农民收入增长，也促进了农业技术进步。

(9)城市化率(x_8)对环境全要素生产率(ETFP)、环境技术效率(ETE)与技术进步(TC)的负向影响显著。城市化水平逐年提高是我国经济转轨时期的重要特征之一，城市化是人口向城市聚集和农村地区转变为城市地区的复杂过程，表现为第二、第三产业向城市集中，城市人口比重提高和城市数量增加、规模扩大，城市文明向农村逐渐扩散。城市通过增长极的作用将经济增长的利益(科技、教育、卫生医疗、高质的工业品等)扩散到农村地区，提高了农村的物质与精神文明，同时为农业的可持续发展提供物质基础与技术支撑。因此，城市化理论上应该对包括农业在内的各产业，但本书的实证结果却与之相悖，这可能源于中国特殊的国情以及城市化发展本身的失衡性。中华人民共和国成立时，优先发展重工业的赶超战略，限制农民入城的户籍制度以及长期以来的工农产品价格“剪刀差”等城市偏向政策,虽然对迅速提高工业化、城市化水平发挥了巨大的作用,但却加重了中国经济的二元性,极大地阻碍了城市的健康发展,也影响了其对产业经济增长促进作用的发挥。2013 年,我国城市人口比重高达 53.73%,第二、第三产业产值比重分别为 43.9%、46.1%,而就业比重仅为 30.1%、38.5%。在城市还不完全具备吸纳能力、配套设施及制度安排均不完善的情况下,农村大量青壮年劳动力涌入城市,不仅削弱了农村有效生产力,也使得新进劳动力没有工作岗位,不能为城市经济建设贡献力量。我国城市发展的这种人口集中与经济发展不对等或不平衡的问题,极大地限制了城市经济活力及对产业经济的带动作用。此外,城市发展也会在土地等资源方面与农业展开竞争,对农业增长的带动作用相当有限甚至有所限制。因此,本书的实证结果不难理解。

(10)对外开放度(x_9)的影响均不显著。实证结果说明,目前,贸易在推动农业技术进步及技术效率提升方面的影响还没有显现,今后要使贸易自由化对农业发展的影响显现出来,还有很长的路要走。

第二节　实证结果与分析

本书分别研究包含控制变量的 6 个估计模型,计算软件为 Stata(14.0 版)。表 5-2 中,模型的个体误差和随机误差均较小,方差比系数即 ρ① 均在 0.5 以上,个体效应方差所占比重大且似

①所有无法观测因素(即复合误差)由 u_i 和 e_{it} 构成,方差比系数 ρ 代表个体效应的方差占复合误差的总方差比重,即 $\rho=\sigma_u^2/(\sigma_u^2+\sigma_e^2)$。

然比(LR)值很大,强烈拒绝个体效应为零的原假设。模型拟合程度较好,使用随机效应面板 Tobit 模型回归合理。

表 5-2　估计结果对比

变量	无控制变量			有控制变量		
	ETFP	ETE	TC	ETFP	ETE	TC
I	1.050*** (31.11)	−0.271*** (−15.22)	2.276*** (37.78)	1.308*** (21.34)	0.045 1 (1.47)	1.465*** (15.82)
I^2	−0.143*** (−17.67)	0.053 6*** (12.63)	−0.367*** (−25.56)	−0.176*** (−15.58)	−0.002 31 (−0.41)	−0.209*** (−12.21)
x_1				−1.298*** (−7.94)	−0.032 9 (−0.39)	−1.340*** (−5.29)
x_2				0.396 (1.52)	1.002*** (7.68)	−2.933*** (−7.37)
x_3				0.012 0 (0.18)	0.146*** (4.35)	−0.427*** (−4.19)
x_4				−0.062 2 (−1.00)	0.085 1** (2.77)	−0.338*** (−3.61)
x_5				−0.385 (−1.04)	−1.103*** (−5.99)	6.155*** (10.89)
x_6				0.018 9 (0.86)	−0.040 0*** (−3.62)	−0.001 48 (−0.04)
x_7				0.209 (1.35)	−0.201* (−2.54)	0.808*** (3.41)
x_8				−1.209*** (−10.48)	−0.143* (−2.49)	−1.037*** (−5.93)

续表 5-2

变量	无控制变量			有控制变量		
	ETFP	ETE	TC	ETFP	ETE	TC
x_9				−0.037 6 (−0.71)	−0.020 3 (−0.75)	−0.070 6 (−0.87)
常数项	0.698*** (10.59)	0.956*** (35.52)	0.397*** (3.49)	1.777*** (9.47)	0.735*** (7.75)	2.627*** (9.21)
σ_u	0.328*** (7.43)	0.126*** (7.27)	0.563*** (7.37)	0.292*** (7.30)	0.169*** (6.80)	0.459*** (6.87)
σ_e	0.234*** (38.07)	0.123*** (38.06)	0.416*** (38.06)	0.208*** (38.04)	0.103*** (37.91)	0.314*** (37.94)
ρ	0.664	0.513	0.647	0.664	0.732	0.682
LR	627.2	380.5	487.3	533.2	441.2	423.6

注:①σ_u 是个体效应估计值,σ_e 是随机干扰项估计值,ρ 是方差比系数,LR 是似然比;②括号内数字是各系数的 t 统计值;③***、**、*分别表示0.1%、1%、5%的显著性水平。

第三节 本章研究结论

(1)农业环境全要素生产率(ETFP)及其成分变动的影响因素。第一,人均收入与 EKC 验证。不考虑控制变量的影响,环境全要素生产率(ETFP)、技术进步(TC)模型表现出显著的倒"U"形曲线特征,拐点处的人均收入为 7 342.66 元、6 201.63 元;环境技术效率(ETE)模型表现出显著的"U"形特征,拐点处人均收入为 5 055.97 元。加入控制变量后,环境技术效率(ETE)模型收入平方项系数仍为正但变得不显著,"U"形特征消失;环境全要素生产率(ETFP)与技术进步(TC)模型的倒"U"形特征仍然显著,拐点分别为 7 431.82 元和 7 009.57 元。第二，控制变量的影响。农业结构调整及城市化对农业环境全要素生产率(ETFP)有显著的负向影响。各控制变量对环境技术效率(ETE)及技术进步(TC)的影响则各不相同，其中产业结构、价格指数比对环境技术效率(ETE)的影响显著为正，农业财政支出、城乡收入比、农民工资性收入比例、城市化率、受灾率对环境技术效率(ETE)的影响显著为负；粮食播种面积比重、产业结构、价格指数比、受灾率、农业财政支出比重、城市化率对技术进步(TC)的影响均为负。本研究对影响产生的可能原因进行了详细的解释。

(2)农业增长的源泉。因素回归结果显示，收入增长及各变量对环境全要素生产率(ETFP)及其成分的影响各不相同甚至截然相反。笔者认为在推进农业转型发展的过程中应保持适合国情、符合民意、扬长避短、目光长远的态度，不能片面追求短期内某些指标的突飞猛进而漠视长期内可能产生的问题。农民收入增长、城市化水平提高、对外开放速度加快是大势所趋，这一过程中经历结构调整的不断变化、收入差距的动态演进、物价水平的起伏波动，这些都会对农业增长产生不同程度的影响。牢牢把握宏观经济变动带来的发展机遇并充分利用其有益影响，同时要认清并积极应对快速发展造成的后果，要处理好速度与均衡、增长与发展的问题。对农业财政的支持不仅仅体现在加大支持力度方面，也要在支持结构优化与支持效率提高方面做好制度设计。进一步调整优化非农就业、劳动力转移方面的政策措施，增加非农收入渠道，做到农村与城市两手抓，忽略任何一方都不利于农民流动与城市可持续发展。

第六章 推进农业发展低碳转型的对策建议

党的十八大召开之后，推进生态文明建设已成为我国未来发展的重大战略，大力发展低碳经济则是实现这一战略的重要举措。作为低碳经济的重要组成部分，低碳农业发展应该为我国的低碳经济发展做出重要贡献。近些年在国家绿色发展战略的推动下，我国低碳农业发展取得了一定成效，但仍需加大力度，加快农业低碳转型的发展速度。

一、加大对低碳农业技术研发和推广的投入力度

政府要加大对中国低碳农业发展的支持力度，促进低碳农业生产、技术的推广和应用，特别是加大低碳农业技术研发和推广的投入。可考虑从以下几个方面入手。

(1)继续推行农业精耕细作。研发高效、低污染和低残留的新型农药，利用生物技术防治农作物病虫害，尽可能降低化肥、农药和农膜等在农业生产过程中的使用量并提高其利用效率，降低碳排放。

(2)合理利用农业废弃物，开发并推广利用新型替代能源。秸秆等农田废弃物，对其进行集中焚烧会产生大量的碳排放，将其长时间堆积在田间而不及时进行处理，潮湿环境下会产生大量的甲烷，也不利于对环境的保护。对农田废弃物进行及时处理，借助沼气技术变废为宝，这一方面降低了农业废弃物闲置率，实

现农业的清洁生产；另一方面也提高了农村能源的利用效率，降低了天然气等其他能源的使用。加快推广“动物粪便（或生活垃圾）—沼气—肥料”的沼气生产应用模式，逐步普及有条件的农户使用沼气。沼气生产除了能充分利用农业废弃物外，还可以降低农业和农村生活中的化石能源消耗，如电能和天然气使用。这样既节约了能源，降低了 CO_2 排放，也减少了废弃物腐烂变质分解产生的温室气体。

(3)提升农田灌溉技术，提高水资源的利用效率。加快发展新的农业生产方式，如无土农业和节水农业等。农业生产节约水资源的同时也节约了其他能源。

(4)推行农业“绿色”生产。2017 年国务院印发的《全国国土规划纲要（2016—2030 年）》中明确规定，2020 年、2030 年我国的约束性耕地保有量分别为 18.65 亿亩（1 亩≈666.67m^2）、18.25 亿亩。可见，我国的耕地红线就是 18 亿亩。为了弥补我国耕地资源不足，同时提高农业劳动生产率，可以通过提高农作物的复种指数，通过多收多种来提高粮食产量，也可以在农业生产中发展农作物间种，如玉米一大豆或小麦一玉米等形式提高农作物产量，增加农作物的碳吸收量，达到间接降低农业碳排放的目的。

(5)发展新的可能源化农作物。利用不同农作物的不同习性来充分发展适合不同地貌特征的农作物生产，高效利用我国的荒山、坡地和滩涂等。同时，在各种农作物中寻找常规能源的可替代物，降低农业生产中对化石能源的依赖，达到农业碳减排的目的。最后，要培养新型的职业农民，最终将低碳农业的发展建立在科技进步和劳动者素质提高的基础上。

二、加大资金支持

加强政策引导，加大资金扶持和财政补贴的力度。一方面，政府可以运用经济和行政手段,限制高碳农业项目的发展;另一方面,政府可以发挥政策优势和财政资金的引导作用,在农业建设项目的审批和投资过程中,优先考虑低碳农业项目。政府应从资金、税收等方面大力引导、鼓励和扶持研发低碳技术的企业,在推广和应用低碳农业生产方面给予税费减免、资金支持和政策倾斜等,以帮助企业提高产品产量、质量和科技含量,满足新技术在农村推广中使用的需求。同时,政府也应对使用新型低碳技术产品的农户给予适当的财政补贴,以促进低碳生产技术在农村的广泛应用,降低农业碳排放,促进农业稳定良性发展。各级各地政府不仅要大力扶持研发低碳型农业机械,还要大力推广使用低碳农业机械。对使用低碳农业机械的农户进行适当的财政补贴,同时鼓励农村跨区合作联合使用大型农业机械,提高农业机械利用率和作业效率,降低作业成本。

积极推广新型农业技术,降低碳排放。政府可以建立可再生能源财政专项资金,对研发使用可再生能源的农业企业进行支持和财政补贴,以减少农业生产对化石能源的依赖。利用政府的政策、法律和法规来约束农业生产以减少化石能源的使用量。为了减少化石能源使用量,一方面,可以减少使用化肥肥料的财政补贴和税收优惠,在维持粮食安全生产和保障粮食总产量的前提下,减少化肥使用量。另一方面,政府可以加大生产有机农产品的企业和农户的财政补贴,加大减排增汇技术的开发、引进和实施的资金投入,增大基础设施建设以及农户培训的资金投入;鼓励农产品加工、再加工和再循环利用,有效地减缓温室气体排放。

三、采取各种措施降低农业生产过程中的碳排放

我国可以通过节约农业生产中化肥、农药、水、农膜、燃油和

电力等资源的使用,间接减少农业生产对化石能源的消耗,达到减少碳排放的目的。改进农业生产方式,推进农业的节能减排。一方面,现行的农业生产方式存在着对能源的极大浪费,因而改进农业生产方式有极大的发挥空间,不仅降低了碳排放,实现低碳农业;另一方面,还能降低农民的农业生产投入,降低了生产的成本,即从另一角度实现了增收。

1. 发展低碳农业机械

农业机械是影响我国农业生产的重要投入要素之一,对于农业生产的规模化发展起到重要的推动作用。但农业机械主要是依靠柴油、电力等来提供动力,农业机械化的发展会增加农业机械对化石能源的需求,导致更大量的碳排放。一方面,为了保证我国的农产品安全供应,需要越来越多的农业机械设备;另一方面,为了控制甚至降低碳排放,也不能无限制地发展农业机械。为了解决这个矛盾,应该加大研发、推广和使用低碳农业机械的力度。低碳农业机械即低碳排放量的农业机械,在推广使用低碳农业机械的同时提高其使用效率以减少能耗。各地可以因地制宜地建立和发展农业机械行业组织,及时了解农业机械的发展和使用情况,把最低碳、最高效的农业机械引入农村农业生产。各地农村可以将分散的农机户,通过多渠道、多领域和多层次的合作,提高其组织化程度,推行农业机械跨区作业,以提高农业机械使用的经济效益,达到碳减排的目的。

2. 合理使用化肥,提高化肥利用效率

农作物产量与施肥量之间存在规模报酬递减规律:当最初增加施肥量时,产量增加较快,以后增加同样的施肥量,粮食产量的增加逐渐减少;当施肥量增加到一定数值时,产量不再增加,这时如果再增加施肥量,产量反而减少。长期施肥和长期不施肥对不同的作物有不同的影响。长期施肥情况下旱地农作物产量将下降，但是稻谷等水田农作物产量基本稳定。我国三大农作物（水稻、小麦、玉米）在施用化肥情况下产量呈逐年下降趋势；长期不施肥水稻产量相对稳定，而小麦和玉米产量有下降趋势，另外增施有机肥可提高农作物产量的稳定性，尤其对旱地作物效果更好。农业生产中施用化肥不仅会改变地上植被的生物量、影响土壤碳排放量，更严重的是还会影响土壤微生物的活性、改变土壤的呼吸强度，进而导致土壤碳库的变化。因此，在农业生产过程中，应选择合适的施肥方式，施用合理的肥量。

我国是目前世界上生产化肥最多的国家。我国目前化肥生产主要以煤、原油及天然气为原料，特别是以煤为主要原料的煤化工在其中占有很大的比重。研究结果显示，每年我国氮肥生产消耗 1×10^8 t 标准煤，在能源开采和氮肥加工过程中排放的温室气体相当于 3×10^8 t CO_2 当量。我国的农业生产过程中减少化肥施用量可以节省农民的生产成本，减少水体的污染，进而降低农业生产中温室气体排放量等。

我国是目前世界上农业生产中化肥施用最多的国家。20 世纪 50 年代我国 1 亩土地平均施用化肥 0.267kg 左右，现在平均是 30.43kg 左右，增长了 114 倍多。2010 年我国农用化肥施用总量为5 561.7万 t，是 1980 年施用量的 4.38 倍；单位面积耕地化肥施用量为 456.93 kg/km^2，是 1980 年的 3.57 倍，是发达国家化肥安全施用量上限（225 kg/km^2，该上限是为了防止化肥施用对水体造成污染而设定）的 2 倍多。同时，我国农业生产中化肥的有效利用率非常低，2010 年我国化肥流失量达到了 $2\ 224.68\times10^4$ t（按我国化肥平均利用率 60％计算），而氮肥利用率更低，仅占 10％左右。按这个比重计算我国每年浪费的氮肥在 $2\ 118.33\times10^4$ t 以上，这不仅严重浪费了资源，而且严重恶化了日益恶劣的生态环境。此外，土壤本身是一个巨大的有机碳库，大量施用化肥还会加速土壤中有机碳的矿化，导致土壤固碳效应降低，向大气中排放 CO_2。因此节约施用化肥相当于减少了农业碳排放。

节约施用化肥的方法主要有以下几种：①用禽畜粪肥、堆肥或有机肥、生物质肥替代化肥，提高土壤有机质含量。大量施用化肥会导致土壤中含有过量的碳元素，容易造成土壤酸碱度失衡。但是如果能对土壤增施有机肥，就能降低土壤有机质腐烂程度，进而减少土地耕作活动，可以减少温室气体排放。有机肥施用过程中，通过一定的方式收集有机肥挥发出的 CH_4，可将其作为农户家用燃料使用；可以把液态有机肥固化植入土壤底层，能增加有机肥使用时间，从而提高其使用效率。此外，也可以增加有机肥施用数量，改善农田土壤的酸碱度和通气条件。这样农民不仅可以大量减少化肥施用数量，还可以使用 CH_4 等燃料；既减少了农业成本支出，又增加了收入，同时促进了低碳农业发展。②开展测土配方施肥。测土配方施肥在我国农村具有广阔的发展空间。现阶段我国大部分农民在施肥过程中仍多年采用较为固定的一种施肥模式来施肥，忽略了农作物在不同生长阶段的实际需要和土壤对化肥的消耗能力，导致土壤速效氮、磷、钾等肥料的供应与实际需要间存在严重的不均衡，这样不仅影响了化肥肥力，而且易造成化肥浪费和环境污染。而测土施肥能改变盲目大量施用的习惯，促进合理施用，改善土壤肥力。③根据植物生长周期合理施肥，按照植物生长发育的不同阶段对肥料的不同需要合理施肥。在农作物生长最快阶段，为促进农作物快速生长或促进农作物增产增收而巧施肥、精施肥，以提高化肥利用效率。

3. 节约使用农药,降低碳排放

农业生产中农药的大量喷洒,不仅间接造成碳排放增加,还会导致农产品污染与水源污染,造成生物物种种类减少。要尽量减少有毒农药的使用,使用生物质农药来防虫防病、治虫治病;推广绿色植物保护,遵循自然界生存法则,利用食物链中的害虫天敌杀虫;还可以选用抗病虫、高产量、稳定性好的农作物品种等。利用生物之间的弱肉强食、相生相克防治病虫害,减少农药,尤其是高残留农药的使用量;推广新型施药机械,减少农药的流失。此外,在农业生产过程中使用电子杀虫灯可节省30%的农药使用量,同时也降低了农药残留和生产成本,改善了环境。目前,杀虫灯由于较高的成本而不利于在农村推广,可考虑国家或地方政府的政策扶持或财政支持,这样既提供了无公害的食品,又保障了人们的身体健康。

4. 节约农业用油

现代农业高度使用的农业机械、农用化肥和农药不仅在工业生产过程中需要使用大量能源,在投入农业生产中也要依赖化石能源。如大多农业机械需要使用柴油发动运转,施用农药使用大型喷雾机也要使用柴油发动机,这都增加了农业生产中的化石能源消费,增加了碳排放,所以农业生产也应节约用油。节约用油既要节约农业机械、农用化肥等生产投入要素的使用,也要顺应形势研发、推广和使用节油农业机械,逐步淘汰耗油量大的农业机械。这些都离不开国家的政策支持、鼓励和扶持。

5. 开发利用农村新能源,推广可再生能源

在农村推广可再生能源,一方面能够降低化石能源的使用、缓解能源危机、改善农村能源消耗结构,另一方面能够实现农业节能减排，达到农业可持续发展。农村可再生能源主要包括太阳能、风能、沼气和农作物秸秆等。我国农村有充足和适宜的有机质废弃物，如禽畜粪便、秸秆、落叶杂草、生活污水等，都可以作为沼气池发酵的原料。在农村发展沼气，可以减少农业化石能源、天然气和电力等的消耗，从而减少温室气体排放。同时，发酵过程产生的沼渣可作为农作物生产的基肥，既能有效地提高农作物的产量和品质，又可减少化肥、农药的施用量，降低成本的同时实现了碳减排。农作物秸杆可以转化成能源，作为动物饲料和农田土壤肥料进行综合利用，从而减少秸秆就地燃烧产生的 CH_4 排放。

我国广大的农村地区蕴藏着丰富的可再生能源。充分利用当地的可再生能源，加快可再生能源开发利用，是减少农业化石能源消耗、降低碳排放的有效途径。一方面可以解决农村的电力供应和农村生产生活的能源使用问题。比如我国西部地区海拔高、日照时间长，太阳能资源丰富，最适宜推广太阳能灶。这样就可以解决农民主要依靠秸秆、薪柴等生物质直接燃烧的低效的传统能源提供方式。另一方面可以将农村的生物质资源转换为商品资源，将可再生能源发展成为农村特色产业，可以有效延长农业产业链，提高农业效益，达到农业碳减排的目的。

四、重视农业碳汇功能，促进农业碳吸收（碳封存）

在国家政策、法律法规和财政支持的条件下，农业生产除了从节约现有能源和开发新能源等角度降低碳排放外，还可以通过农业固碳达到碳减排的目的。农业固碳主要是指农田土壤固碳，是通过对土壤进行合理管理、改进农业耕作方式等措施提高土壤的碳含量，将大气中的 CO_2 尽可能地固持在土壤中。土壤碳库是全球碳库中最活跃的部分，是 CO_2 的重要释放源，也是 CO_2 的重要吸收汇。促进农业的碳吸收主要从以下几个方面入手。

1. 免耕和保护性耕作

土壤有机碳损失主要是由于低水平的农业生产过程中的人为行为产生，如频繁翻耕、肥料施用不当、清除和焚烧地上和地下的生物残余物、缺乏抵御土壤侵蚀和防治土壤退化的保护措施等造成的。与传统的耕作方式相比，免耕、少耕技术是一项集保护耕地与轻便简约栽培于一体的先进实用型技术。通过免耕、少耕，可以减少土壤的人为扰动，增加土壤团聚体数量，进一步改善土壤结构，增加秸秆还田量、降低土壤表层有机质矿化。免耕、少耕通过减少耕作中农业机械操作的次数和燃料的消耗，降低了相关联的碳排放。

(1)推行保护性耕作。保护性耕作是在机械化作业前提下，采取少耕或免耕方法，运用农作物秸秆及残茬覆盖土壤，达到保护土壤、培肥地力、蓄水保墒，进而促进土壤碳吸收的目的。保护性耕作取消了传统的铧式犁翻耕，在保留地表覆盖物的前提下免耕播种，以保留土壤自我保护机能和营造机能，增强土壤固存有机碳的能力，达到碳减排的目的。肖小平等(2007)采用静态箱法、气相色谱法测定免耕还田、翻耕还田和旋耕还田这三种稻草还田方式的 CH_4 排放率发现，免耕还田能降低稻田的 CH_4 排放率。

(2)改善土壤水分条件。土壤水分是土壤的最重要组成部分，是土壤形成发育的催化剂。一方面直接供给植物吸收利用，另一方面又影响着土壤的物理机械性和可耕性。土壤不同的水分条件直接影响着农作物对养分的吸收和光合作用，直接影响着农作物产量。土壤的水分条件同时也影响着土壤的碳排放。因而要及时调整土壤的水分条件,减少土壤碳排放,增强土壤固存有机碳的能力。

(3)提高农作物复种指数。土地撂荒或季节性撂荒、休耕虽然在一定程度上能恢复土地肥力,但长时间摞荒、休耕也会延长地表裸露和土壤风蚀的时间,引起土壤水分蒸发和有机碳逸出。因而应提高土地利用效率和频率,提高农作物复种指数,延长土壤表面农作物覆盖时间,增强土壤固存有机碳的能力。

(4)控制工业用地数量。工业生产过程中的土地粗放式利用和浪费,将会破坏土壤碳库。因而应合理控制工业用地数量,合理规划土地用途,保障农业用地,增强土壤碳吸收。

2.测土配方施肥

在农作物生长过程中施用化肥除了直接影响植被的地上生物量以外,还会间接通过植被影响土壤碳库的含碳量。农业生产过程中施用的肥料,除农作物吸收利用和土壤残留以外,大约有50%左右的氮素没有被农作物吸收,转而流失到农田外,引发赤潮、土壤中有机质含量低和大气温室效应等一系列环境问题。传统的施肥方法,如撒施、沟施和穴施等容易造成肥料流失,使农业作业成本增加,同时释放出来的氮素又对环境造成污染。为了解决此类问题,可以开展测土配方施肥。测土配方施肥主要是基于养分归还学说、最小养分律、报酬递减律、同等重要律、不可替代律和因子综合作用律等主要原理,在协调营养平衡、增加产量与改善农产品品质相统一、提高肥料利用率、保护生态环境和保障农业生产可持续发展等原则的基础上,运用土壤、植株测试推荐施肥法、肥料效应函数法、土壤养分丰缺指标法、养分平衡法、地力差减法和土壤有效养分校正系数法等方法,根据不同农作物的目标产量、生长过程中的需肥量和土壤中的养分含量，提出农作物生长过程中氮、磷、钾及微量元素等肥料的施用数量，施用方法，施用时间和施用周期，解决农作物生长需肥量、土壤供肥量和人为施肥量三者之间的矛盾，实现作物生长期各种养分按需供应，满足农作物整个生长阶段的需要。进而改善农作物品质，实现农业生产节本增收、减轻面源污染和减少碳排放。

3. 推广缓控释肥

与测土配方施肥结合使用,可以在农业生产中推广缓控释肥。缓控释肥是指在农作物生长发育过程中,根据农作物不同生长发育阶段对营养的不同需要,人为控制养分释放时间和释放速度,以达到按照不同农作物生长过程的不同阶段的具体需要来合理有效提供养分,从而在很大程度上提高肥料的利用率,达到保护环境、节约能源消耗和帮助农民节本增收的目标,并同时简化农作物的生产技术和生产方式。如可以通过使用氮肥硝化抑制剂(又称氮肥增效剂)减少农作物生长过程中化肥的施用数量,从而有效避免农田土壤中氮肥的过剩问题,达到减少氧化亚氮向大气排放的目的。推广缓控释肥对发展低碳农业、实现节能减排有着重要意义。

4. 推广农业固碳技术

农业固碳技术指提高农业固定碳的能力的技术和方法。从实际操作的角度来说,增加土壤碳含量、减少农业温室气体排放,主要从土地功能恢复、改进耕作方式、改进施肥技术和改进灌溉方式等方面入手。把现有功能退化的土地通过改变用途形式,如改变为草地、种植果树等,或通过改善性施肥、用药等方式恢复其肥力,增强土壤的固碳能力,也可以改进耕作方式,把深耕转变成少耕、浅耕,甚至免耕,减缓土壤碳的释放,达到增加土壤碳固存的目的。同时,可以通过研发、推广和使用高产稳产农作物种植,增加农作物的产量和土壤固碳能力。

五、加大宣传力度,鼓励农户运用低碳农业技术

发展低碳农业不能停留于口头,更应落到实处,而这离不开低碳农业技术的广泛运用。在现行体制下,我国低碳农业技术的研发主要依赖于高校、科研院所以及部分涉农企业,而农民参与度较低;但就需求主体而言,农民却占据了绝对的主导地位,这与我国长期以来所实行的小农经济模式是密切相关的。供给与需求的脱节引发了低碳农业技术使用的低效率,这也在一定程度上制约了低碳农业发展。在这种不利情形下,如何提高农户低碳农业技术采纳率,全面实现农业生产过程的低碳化,将成为今后关注的重点。其中重要的一环就是加大对低碳绿色生产的宣传力度,鼓励农户运用低碳农业技术。

在宣传的过程中,需要注意以下三点:第一,宣传内容需切合实际,避免过分宣扬。为了取得农民信任,在宣传中一定要坚持实事求是,切忌随意夸大其效用。第二,宣传方式提倡多元化,避免形式单一。由于个人素质差异较大,每个农户的知识接受与领悟能力通常也存在较大区别,这要求我们在进行低碳农业技术宣传时需因人而异,有针对性地选择相关的宣传策略。第三,宣传对象全面化,避免主体遗漏。在宣传过程中,力争让每个农户都从真正意义上了解低碳农业技术。

为了使农户在技术采纳环节进展顺利,还要定期对农户进行技能培训,进而提升其运用低碳农业技术的能力。为保证培训效果,应鼓励相关技术研发者深入到一线给农民进行讲解。一方面,可进一步消除农户顾虑,增强其对低碳农业技术的信心;另一

方面，对于一些操作过程中的疑难问题，技术研发者相比普通农技推广人员效率更高、作用更大；除此之外，还有助于不同类低碳农业技术之间的衔接与协调运用，进而引导农户实现整个农业生产过程的低碳化，切实为我国低碳发展添砖加瓦。

参考文献

包群,彭水军,阳小晓.是否存在环境库兹涅茨倒"U"形曲线?——基于六类污染指标的经验研究[J].上海经济研究,2005(12):3-13.

包群,彭水军.经济增长与环境污染:基于面板数据的联立方程估计[J].世界经济,2006(11):48-58.

蔡跃洲,付一夫.全要素生产率增长中的技术效应与结构效应:基于中国宏观和产业数据的测算及分解[J].经济研究,2017(1):72-88.

蔡祖聪,谢德体,徐华,等.冬灌田影响水稻生长期甲烷排放量的因素分析[J].应用生态学报,2003,14(5):705-709.

曹光辉,汪锋,张宗益,等.我国经济增长与环境污染关系研究[J].中国人口·资源与环境,2006,16(1):25-29.

曹黎明,李茂柏,王新其,等.基于生命周期评价的上海市水稻生产的碳足迹[J].生态学报,2014,34(2):491-499.

查建平,贺腊梅,舒皓羽.中国旅游经济增长源泉分解及其时空演化特征[J].长江流域资源与环境,2017,26(12):1 981-1 990.

陈冠雄,黄国宏,黄斌,等.稻田 CH_4 和 N_2O 的排放及养萍和施肥的影响[J].应用生态学报,1995,6(4):378-382.

陈静,李谷成,冯中朝,等.油料作物主产区全要素生产率与技术效率的随机前沿生产函数分析[J].农业技术经济,2013(7):85-93.

陈琳,闫明,潘根兴.南京地区大棚蔬菜生产的碳足迹调查分析[J].农业环境科学学报,2011,30(9):1 791-1 796.

陈罗烨,薛领,雪燕.中国农业净碳汇时空演化特征分析[J].自然资源学报,2016,31(4):596-607.

陈强.高级计量经济学及 Stata 应用(第 2 版)[M].北京:高等教育出版

社,2014.

陈诗一.节能减排、结构调整与工业发展方式转变研究[M].北京:北京大学出版社,2011b.

陈诗一.中国的绿色工业革命:基于环境全要素生产率视角的解释(1980—2008年)[J].经济研究,2010c(11):21-34.

陈诗一.中国各地区低碳经济转型进程评估[J].经济研究,2012(8):32-44.

陈诗一.中国碳排放强度的波动下降模式及经济解释[J].世界经济,2011c(4):124-143.

陈卫平.中国农业生产率增长、技术进步与效率变化:1990—2003年[J].中国农村观察,2006(1):18-23.

陈勇,冯永忠,杨改河.陕西省农业非点源污染的环境库兹涅茨曲线验证[J].农业技术经济,2010(7):22-29.

陈勇,李首成,税伟.基于EKC模型的西南地区农业生态系统碳足迹研究[J].农业技术经济,2013(2):120-128.

陈中督,吴尧,遆晋松,等.湖南省双季稻生产系统碳效率[J].应用生态学报,2015,26(1):87-92.

陈宗良,邵可声,李德波,等.控制稻田甲烷排放的农业管理措施研究[J].环境科学研究,1994,7(1):1-10.

成臣,曾勇军,杨秀霞,等.不同耕作方式对稻田净增温潜势和温室气体强度的影响[J].环境科学学报,2015,35(6):1 887-1 895.

崔晓,张屹山.中国农业环境效率与环境全要素生产率分析[J].中国农村经济,2014(8):4-16.

邓明君,邓俊杰,刘佳宇.中国粮食作物化肥施用的碳排放时空演变与减排潜力[J].资源科学,2016,38(3):534-544.

董敏杰,梁泳梅.1978—2010年的中国经济增长来源:一个非参数分析框架[J].经济研究,2013(5):17-32.

董玉红,欧阳竹,李鹏,等.长期定位施肥对农田土壤温室气体排放的影响[J]. 土壤通报,2007,38(1):97-100.

杜江,罗珺. 农业经济增长与污染性要素投入——基于简约式及结构式模型的实证分析[J]. 经济评论,2013a(3):56-65.

段华平,张悦,赵建波,等. 中国农田生态系统的碳足迹分析[J]. 水土保持学报,2011,25(5):203-208.

樊纲,王小鲁,张立文,等. 中国各地区市场化相对进程报告[J]. 经济研究,2003(3):9-18.

方福前,张艳丽. 中国农业全要素生产率的变化及其影响因素分析——基于1991—2008年Malmquist指数方法[J]. 经济理论与经济管理,2010(9):5-12.

方恺. 足迹家族:概念、类型、理论框架与整合模式[J]. 生态学报,2015a,35(6):1 647-1 659.

方恺. 足迹家族研究综述[J]. 生态学报,2015b,35(24):7 974-7 986.

弗兰克·艾利思. 农民经济学——农民家庭农业和农业发展(第2版)(中译本)[M]. 胡景北,译. 上海:上海人民出版社,2006.

傅晓霞,吴利学. 全要素生产率在中国地区差异中的贡献:兼与彭国华和李静等商榷[J]. 世界经济,2006(9):12-22.

盖兆雪,孙萍,张景奇. 环境约束下的粮食主产区耕地利用效率时空演变特征[J]. 经济地理,2017,37(12):163-171.

高标,房骄,许清涛,等. 吉林省农业碳排放动态变化及驱动因素分析[J]. 农业现代化研究,2013,34(5):617-621.

高帆. 我国区域农业全要素生产率的演变趋势与影响因素——基于省际面板数据的实证分析[J]. 数量经济技术经济研究,2015(5):3-19.

高宏霞,杨林,付海东. 中国各省经济增长与环境污染关系的研究与预测——基于环境库兹涅茨曲线的实证分析[J]. 经济学动态,2012(1):52-57.

高鸣,陈秋红. 贸易开放、经济增长、人力资本与碳排放绩效——来自中国农业的证据[J]. 农业技术经济,2014(11):101-110.

高鸣,宋洪远.中国农业碳排放绩效的空间收敛与分异——基于Malmquist-luenberger指数与空间计量的实证分析[J].经济地理,2015,35(4):142-148.

葛继红,周曙东.农业面源污染的经济影响因素分析——基于1978—2009年的江苏省数据[J].中国农村经济,2011(5):72-81.

耿涌,董会娟,郗凤明,等.应对气候变化的碳足迹研究综述[J].中国人口·资源与环境,2010,20(10):6-12.

谷家川,查良松.皖江城市带农田生态系统碳排放动态研究[J].长江流域资源与环境,2013,22(1):81-87.

郭萍,余康,黄玉.中国农业全要素生产率地区差异的变动与分解——基于Färe-Primont生产率指数的研究[J].经济地理,2013,33(2):141-145.

郭旋,张良茂,胡荣桂,等.华中地区种植业生产碳排放驱动因素分析[J].长江流域资源与环境,2016,25(5):695-701.

郭亚军,姚顺波,霍学喜.中国苹果主产区全要素生产效率研究——基于HMB指数的分析[J].农业技术经济,2011(10):78-86.

国家统计局.中国统计年鉴(2014)[M].北京:中国统计出版社,2014.

国家统计局.中国统计年鉴(2017)[M].北京:中国统计出版社,2017.

国家统计局国民经济综合统计司.新中国五十五年统计资料汇编[M].北京:中国统计出版社,2005.

国家统计局农村社会经济调查司.中国农村统计年鉴(2017)[M].北京:中国统计出版社,2017.

国家统计局农村社会经济调查总队.新中国五十年农业统计资料[M].北京:中国统计出版社,2000.

韩海彬,赵丽芬.环境约束下中国农业全要素生产率增长及收敛分析[J].中国人口·资源与环境,2013,23(3):70-76.

韩召迎,孟亚利,徐娇,等.区域农田生态系统碳足迹时空差异分析——以江苏省为案例[J].农业环境科学学报,2012,31(5):1 034-1 041.

何敏,王幸锐,韩丽,等.四川省秸秆露天焚烧污染物排放清单及时空分布特征[J].环境科学,2015,36(4):1 208-1 216.

胡明秀,胡辉,王立兵.武汉市工业"三废"污染状况计量模型研究——基于环境库兹涅茨曲线(EKC)特征[J].长江流域资源与环境,2005,14(4):470-474.

胡世霞,向荣彪,董俊,等.基于碳足迹视角的湖北省蔬菜生产可持续发展探讨[J].农业现代化研究,2016,37(3):460-467.

黄光辉,张明园,陈阜,等.耕作措施对华北地区冬小麦田 N_2O 排放的影响[J].农业工程学报,2011,27(2):167-173.

黄金波,周先波.中国粮食生产的技术效率与全要素生产率增长:1978—2008[J].南方经济,2010(9):40-52.

黄娜,王洪涛,范辞冬,等.基于不确定度和敏感度分析的 LCA 数据质量评估与控制方法[J].环境科学学报,2012,32(6):1 529-1 536.

黄晓敏,陈长青,陈铭洲,等.2004—2013 年东北三省主要粮食作物生产碳足迹[J].应用生态学报,2016,27(10):3 307-3 315.

黄祖辉,米松华.农业碳足迹研究——以浙江省为例[J].农业经济问题,2011(11):40-47.

江长胜,王跃思,郑循华,等.川中丘陵区冬灌田甲烷和氧化亚氮排放研究[J].应用生态学报,2005,16(3):539-544.

孔立,朱立志.马铃薯生产的碳排放优势研究——基于农业投入品和 LMDI 模型的实证分析[J].农业技术经济,2016(7):111-121.

李斌,彭星,欧阳铭珂.环境规制、绿色全要素生产率与中国工业发展方式转变:基于 36 个工业行业数据的实证研究[J].中国工业经济,2013(4):56-68.

李波,张俊飚,李海鹏.中国农业碳排放时空特征及影响因素分解[J].中国人口·资源与环境,2011,21(8):80-86.

李成芳,寇志奎,张枝盛,等.秸秆还田对免耕稻田温室气体排放及土壤有机碳固定的影响[J].农业环境科学学报,2011,30(11):

2 362-2 367.

李谷成,陈宁陆,闵锐.环境规制条件下中国农业全要素生产率增长与分解[J].中国人口·资源与环境,2011a,21(11):153-160.

李谷成,范丽霞,刚成,等.农业全要素生产率增长:基于一种新的窗式DEA生产率指数的再估计[J].农业技术经济,2013(5):4-17.

李谷成,范丽霞,闵锐.资源、环境与农业发展的协调性——基于环境规制的省级农业环境效率排名[J].数量经济技术经济研究,2011b(10):21-36.

李谷成,冯中朝,范丽霞.农户家庭经营技术效率与全要素生产率增长分解(1999—2003年)——基于随机前沿生产函数与来自湖北省农户的微观证据[J].数量经济技术经济研究,2007(8):25-34.

李谷成,冯中朝.中国农业全要素生产率增长:技术推进抑或效率驱动——一项基于随机前沿生产函数的行业比较研究[J].农业技术经济,2010(5):4-14.

李谷成.中国农业的绿色生产率革命:1978—2008年[J].经济学(季刊),2014,13(2):537-558.

李谷成.转型期中国农业生产率增长的分解、变迁与分布[J].中国人口·资源与环境,2009d,19(2):148-152.

李国璋,周彩云,江金荣.区域全要素生产率的估算及其对地区差距的贡献[J].数量经济技术经济研究,2010(5):49-61.

李海鹏,叶慧,张俊飚.中国收入差距与环境质量关系的实证检验——基于对环境库兹涅茨曲线的扩展[J].中国人口·资源与环境,2006,16(2):46-50.

李海鹏,张俊飚.中国农业面源污染与经济发展关系的实证研究[J].长江流域资源与环境,2009b,18(6):585-590.

李焕彰,钱忠好.财政支农政策与中国农业增长:因果与结构分析[J].中国农村经济,2004(8):38-43.

李京文,龚飞鸿,明安书.生产率与中国经济增长[J].数量经济技术经济研究,1996(12):27-40.

李京文,钟学义.中国生产率分析前沿[M].北京:社会科学文献出版社,2007.

李婧,朱承亮,安立仁.中国经济低碳转型绩效的历史变迁[J].中国软科学,2013(5):167-182.

李静,李红,谢丽君.中国农业污染减排潜力、减排效率与影响因素[J].农业技术经济,2012(6):118-126.

李静,孟令杰,吴福象.中国地区发展差异的再检验:要素积累抑或TFP[J].世界经济,2006(1):12-22.

李君,庄国泰.中国农业源主要污染物产生量与经济发展水平的环境库兹涅茨曲线特征分析[J].生态与农村环境学报,2011,27(6):19-25.

李萍,郝兴宇,宗毓铮,等.不同耕作措施对雨养冬小麦碳足迹的影响[J].中国生态农业学报,2017,25(6):839-847.

李太平,张锋,胡浩.中国化肥面源污染EKC验证及其驱动因素[J].中国人口·资源与环境,2011,21(11):118-123.

李燕青,唐继伟,车升国,等.长期施用有机肥与化肥氮对华北夏玉米N_2O和CO_2排放的影响[J].中国农业科学,2015,48(21):4 381-4 389.

李政大,袁晓玲,苏玉波.中国经济发展方式转型效果评估:基于EBM-Luenberger模型[J].财贸经济,2017(1):21-33.

李周,于法稳.西部地区农业生产效率的DEA分析[J].中国农村观察,2005(6):2-10.

厉无畏,王振.转变经济增长方式研究[M].上海:学林出版社,2006.

梁流涛,耿鹏旭.中国省域农业共同边界技术效率差异分析[J].中国人口·资源与环境,2012,22(12):94-100.

梁流涛,曲福田,冯淑怡.基于环境污染约束视角的农业技术效率测度[J].自然资源学报,2012,27(9):1 580-1 589.

梁流涛,曲福田,冯淑怡.经济发展与农业面源污染:分解模型与实证研究[J].资源科学,2013,22(10):1 369－1 374.

梁泳梅,董敏杰.中国经济增长来源:基于非参数核算方法的分析[J].世界经济,2015(11):29－52.

林毅夫,苏剑.伦我国经济增长方式的转换[J].管理世界,2007(11):5－13.

林毅夫.制度、技术与中国农业发展[M].上海:上海人民出版社,2005.

刘惠,赵平,王跃思,等.华南丘陵区农林复合生态系统稻田二氧化碳排放及其影响因素[J].生态学杂志,2006,25(5):471－476.

刘晶晶,张阿凤,冯浩,等.不同灌溉量对小麦-玉米轮作农田生态系统净碳汇的影响[J].应用生态学报,2017,28(1):169－179.

刘瑞翔.探寻中国经济增长源泉:要素投入、生产率与环境消耗[J].世界经济,2013(10):123－141.

刘巽浩,徐文修,李增嘉,等.农田生态系统碳足迹法:误区、改进与应用——兼析中国集约农作碳效率[J].中国农业资源与区划,2013,34(6):1－11.

刘巽浩,徐文修,李增嘉,等.农田生态系统碳足迹法:误区、改进与应用——兼析中国集约农作碳效率(续)[J].中国农业资源与区划,2014,35(1):1－7.

刘扬,陈劭锋,张云芳.中国农业EKC研究:以化肥为例[J].中国农学通报,2009,25(16):263－267.

刘宇峰,原志华,郭玲霞,等.中国农作物生产碳足迹及其空间分布特征[J].应用生态学报,2017,28(8):2 577－2 587.

刘运通,李玉娥,万运帆,等.不同氮磷肥施用对春玉米农田 N_2O 排放的影响[J].农业环境科学学报,2011,30(7):1 468－1 475.

闵继胜,胡浩.中国农业生产温室气体排放量的测算[J].中国人口·资源与环境,2012b,22(7):21－27.

闵锐,李谷成.环境约束条件下的中国粮食全要素生产率增长与分解——基于省域面板数据与序列 Malmquist-Luenberger 指数的观察[J]. 经济评论,2012(5):34-42.

闵锐. 粮食全要素生产率:基于序列 DEA 与湖北主产区县域面板数据的实证分析[J]. 农业技术经济,2012(1):47-55.

潘丹,应瑞瑶. 资源环境约束下的中国农业全要素生产率增长研究[J]. 资源科学,2013c,35(7):1 329-1 338.

齐晔,李惠民,王晓. 农业与中国的低碳发展战略[J]. 中国农业科学,2012,45(1):1-6.

祁兴芬. 低碳背景下德州市农田生态系统碳源汇变化及其影响因素分析[J]. 农业现代化研究,2012,33(2):253-256.

钱丽,肖仁桥,陈忠卫. 碳排放约束下中国省际农业生产效率及其影响因素研究[J]. 经济理论与经济管理,2013(9):100-112.

全炯振. 中国农业全要素生产率增长的实证分析:1978—2007 年——基于随机前沿分析(SFA)方法[J]. 中国农村经济,2009(9):36-47.

尚杰,杨果,于法稳. 中国农业温室气体排放量测算及影响因素研究[J]. 中国生态农业学报,2015,23(3):354-364.

沈坤荣,张璟. 中国农村公共支出及其绩效分析——基于农民收入增长和城乡收入差距的经验研究[J]. 管理世界,2007(1):30-40.

沈能,周晶晶,王群伟. 考虑技术差距的中国农业环境技术效率库兹涅茨曲线再估计:地理空间的视角[J]. 中国农村经济,2013(12):72-83.

石慧,王怀明,孟令杰. 要素累积、全要素生产率与中国农业增长地区差异[J]. 农业技术经济,2009(3):17-26.

石慧,吴方卫. 中国农业生产率地区差异的影响因素研究——基于空间计量的分析[J]. 世界经济文汇,2011(3):59-73.

史磊刚,陈阜,孔凡磊,等. 华北平原冬小麦-夏玉米种植模式碳足迹研究[J]. 中国人口·资源与环境,2011,21(9):93-98.

司伟,王济民. 中国大豆生产全要素生产率及其变化[J]. 中国农村经济,

2011(10):16－25.

宋博，穆月英.设施蔬菜生产系统碳足迹研究——以北京市为例[J].资源科学，2015，37(1):175－183.

苏为华，张崇辉.关于异质性假说的中国EKC再检验[J].统计研究，2011，28(12):66－71.

谭秋成.中国农业温室气体排放：现状及挑战[J].中国人口·资源与环境，2011，21(10):69－75.

唐廉，谢世友.农田生态系统碳足迹特征及低碳发展探讨——以重庆酉阳县种植业为例[J].西南大学学报(自然科学版)，2016，38(12):76－82.

唐未兵，傅元海，王展祥.技术创新、技术引进与经济增长方式转变[J].经济研究，2014(7):31－43.

田素妍，郑微微，周力.中国低碳养殖的环境库兹涅茨曲线特征及其成因分析[J].资源科学，2012b，34(3):481－493.

田伟，谭朵朵.中国棉花TFP增长率的波动与地区差异分析——基于随机前沿分析方法[J].农业技术经济，2011(5):110－118.

田伟，杨璐嘉，姜静.低碳视角下中国农业环境效率的测算与分析——基于非期望产出的SBM模型[J].中国农村观察，2014(5):59－71.

田晓四，陈杰，朱诚.南京市经济增长与工业“三废”污染水平计量模型研究[J].长江流域资源与环境，2007，16(4):410－413.

田云，张俊飚，李波.基于投入角度的农业碳排放时空特征及因素分解研究——以湖北省为例[J].农业现代化研究，2011，32(6):752－755.

田云，张俊飚.农业碳排放国内外研究进展[J].中国农业大学学报，2013a，18(3):203－208.

田云，张俊飚.中国农业生产净碳效应分异研究[J].自然资源学报，2013b，28(8):1 298－1 309.

涂正革，肖耿.环境约束下的中国工业增长模式研究[J].世界经济，2009(11):41－54.

涂正革.全要素生产率与区域经济增长的动力:基于对1995—2004年28个省市大中型工业的非参数生产前沿分析[J].南开经济研究,2007(4):14-36.

汪慧玲,卢锦培.环境约束下粮食安全与经济可持续发展的实证研究[J].资源科学,2014,36(10):2 149-2 156.

王兵,吴延瑞,颜鹏飞.中国区域环境效率与环境全要素生产率增长[J].经济研究,2010(5):95-109.

王兵,杨华,朱宁.中国各省份农业效率和全要素生产率增长——基于SBM方向性距离函数的实证分析[J].南方经济,2011(10):12-26.

王珏,宋文飞,韩先锋.中国地区农业全要素生产率及其影响因素的空间计量分析——基于1992—2007年省域空间面板数据[J].中国农村经济,2010(8):24-35.

王梁,赵杰,陈守越.山东省农田生态系统碳源、碳汇及其碳足迹变化分析[J].中国农业大学学报,2016,21(7):133-141.

王明利,吕新业.我国水稻生产率增长、技术进步与效率变化[J].农业技术经济,2006(6):24-29.

王明星,李晶,郑循华.稻田甲烷排放及产生、转化、输送机理[J].大气科学,1998,22(4):600-612.

王奇,王会,陈海丹.中国农业绿色全要素生产率变化研究:1992—2010年[J].经济评论,2012(5):24-33.

王瑞玲,陈印军.我国"三废"排放的库兹涅茨曲线特征及其成因的灰色关联度分析[J].中国人口·资源与环境,2005,15(2):42-47.

王松良,Caldwell Claude D.,祝文烽.低碳农业:来源、原理和策略[J].农业现代化研究,2010,31(5):604-607.

王同朝,卫丽,田原,等.冬小麦-夏玉米一体化垄作覆盖下农田土壤呼吸变化研究[J].农业环境科学学报,2009,28(9):1 970-1 974.

王微,林剑艺,崔胜辉,等.碳足迹分析方法研究综述[J].环境科学与技术,2010,33(7):71-78.

王晓玉,薛帅,谢光辉. 大田作物秸秆量评估中秸秆系数取值研究[J]. 中国农业大学学报,2012,17(1):1-8.

王兴,赵鑫,王钰乔,等. 中国水稻生产的碳足迹分析[J]. 资源科学,2017,39(4):713-722.

王宜虎,崔旭,陈雯. 南京市经济发展与环境污染关系的实证研究[J]. 长江流域资源与环境,2006,15(2):142-146.

王艺鹏,杨晓琳,谢光辉,等. 1995—2014 年中国农作物秸秆沼气化碳足迹分析[J]. 中国农业大学学报,2017,22(5):1-14.

王占彪,王猛,陈阜. 华北平原作物生产碳足迹分析[J]. 中国农业科学,2015,48(1):83-92.

吴金凤,王秀红. 1995—2012 年宁夏盐池县种植业碳足迹变化特征[J]. 资源科学,2015,37(8):1 677-1 684.

吴敬琏. 中国增长模式抉择[M]. 上海:远东出版社,2006.

吴丽丽,郑炎成,李谷成. 碳排放约束下我国油菜全要素生产率增长与分解——来自 13 个主产区的实证[J]. 农业现代化研究,2013,34(1):77-80.

吴贤荣,张俊飚,田云,等. 中国省域农业碳排放:测算、效率变动及影响因素研究——基于 DEA-Malmquist 指数分解方法与 Tobit 模型运用[J]. 资源科学,2014b,36(1):129-138.

吴贤荣,张俊飚. 中国省域农业碳排放:增长主导效应与减排退耦效应[J]. 农业技术经济,2017(5):27-36.

吴延瑞. 生产率对中国经济增长的贡献:新的估计[J]. 经济学(季刊),2008,7(3):827-842.

伍芬琳,张海林,李琳,等. 保护性耕作下双季稻农田甲烷排放特征及温室效应[J]. 中国农业科学,2008,41(9):2 703-2 709.

向涛,綦勇. 粮食安全、食品安全与贸易——基于农药使用强度的跨国面板数据分析[J]. 国际贸易问题,2014(7):33-41.

向涛,綦勇. 粮食安全与农业面源污染——以农地禀赋对化肥投入强度的影响为例[J]. 财经研究,2015,41(7):132-144.

肖小平,伍芬琳,黄风球,等. 不同稻草还田方式对稻田温室气体排放影响研究[J]. 农业现代化研究,2007,28(5):629-632.

谢小立,王卫东,上官行健,等. 施肥对稻田甲烷排放的影响[J]. 农村生态环境,1995,11(1):10-14.

邢秀凤,刘颖宇. 山东省经济发展与环境保护关系的计量分析[J]. 中国人口·资源与环境,2006,16(1):58-61.

徐会奇,王克稳,辉李. 基于省际面板数据的中国农业技术进步贡献率的测算分解[J]. 经济科学,2011(1):25-37.

许士春,何正霞. 中国经济增长与环境污染关系的实证分析——来自1990—2005年省级面板数据[J]. 经济体制改革,2007(4):22-26.

薛建良,李秉龙. 基于环境修正的中国农业全要素生产率度量[J]. 中国人口·资源与环境,2011,21(5):113-118.

杨春,陆文聪. 中国玉米生产率增长、技术进步与效率变化:1990—2004年[J]. 农业技术经济,2007(4):34-40.

杨果,陈瑶. 中国农业源碳汇估算及其与农业经济发展的耦合分析[J]. 中国人口·资源与环境,2016,26(12):171-176.

杨娟,王昌全,白根川,等. 秸秆还田下"麦-稻"轮作生产生命周期能耗及温室气体排放[J]. 农业环境科学学报,2015,34(1):196-204.

杨俊,陈怡. 基于环境因素的中国农业生产率增长研究[J]. 中国人口·资源与环境,2011,21(6):153-157.

杨俊,邵汉华. 环境约束下的中国工业增长状况研究——基于Malmquist-Luenberger指数的实证分析[J]. 数量经济技术经济研究,2009(9):64-78.

尧波,郑艳明,胡丹,等. 江西省县域农业碳排放的时空动态及影响因素分析[J]. 长江流域资源与环境,2014,23(3):311-318.

姚增福,唐华俊,刘欣. 规模经营行为、外部性和农业环境效率——基于西部两省770户微观数据的实证检验[J]. 财经科学,2017(12):

69－83.

余康,郭萍,章立.我国农业劳动生产率地区差异动态演进的决定因素——基于随机前沿模型的分解研究[J].经济科学,2011(2):42－53.

袁鹏,程施.中国工业环境效率的库兹涅茨曲线检验[J].中国工业经济,2011(2):79－88.

袁伟玲,曹凑贵,程建平,等.间歇灌溉模式下稻田 CH_4 和 N_2O 排放及温室效应评估[J].中国农业科学,2008,41(12):4 294－4 300.

袁正,马红.环境拐点与环境治理因素:跨国截面数据的考察[J].中国软科学,2011(4):184－192.

曾大林,纪凡荣,李山峰.中国省际低碳农业发展的实证分析[J].中国人口·资源与环境,2013,23(11):30－35.

张大东,张社梅,黄伟.浙江省农业系统碳源、碳汇现状评估分析[J].中国农业资源与区划,2012,33(5):12－19.

张丹,张卫峰.低碳农业与农作物碳足迹核算研究述评[J].资源科学,2016,38(7):1 395－1 405.

张冬平,冯继红.我国小麦生产效率的 DEA 分析[J].农业技术经济,2005(3):48－54.

张广胜,王珊珊.中国农业碳排放的结构、效率及其决定机制[J].农业经济问题,2014(7):18－26.

张晖,胡浩.农业面源污染的环境库兹涅茨曲线验证——基于江苏省时序数据的分析[J].中国农村经济,2009(4):48－53.

张鹏岩,何坚坚,庞博,等.农田生态系统碳足迹时空变化——以河南省为例[J].应用生态学报,2017,28(9):3 050－3 060.

张强,巨晓棠,张福锁.应用修正的 IPCC2006 方法对中国农田 N_2O 排放量重新估算[J].中国生态农业学报,2010,18(1):7－13.

张婷,蔡海生,张学玲.基于碳足迹的江西省农田生态系统碳源/汇时空差异[J].长江流域资源与环境,2014,23(6):767－773.

张屹山,崔晓.资源、环境与农业可持续发展——物料平衡原则下的省级农业环境效率计算[J].农业技术经济,2014(6):21-30.

张志高,袁征,李贝歌,等.基于投入视角的河南省农业碳排放时空演化特征与影响因素分解[J].中国农业资源与区划,2017,38(10):152-161.

张智奎,肖新成.经济发展与农业面源污染关系的协整检验——基于三峡库区重庆段1992—2009年数据的分析[J].中国人口·资源与环境,2012,22(1):57-61.

赵蕾,杨向阳,王怀明.改革以来中国省际农业生产率的收敛性分析[J].南开经济研究,2007(1):107-115.

赵文,程杰.中国农业全要素生产率的重新考察——对基础数据的修正和两种方法的比较[J].中国农村经济,2011(10):4-15.

赵芝俊,张社梅.近20年中国农业技术进步贡献率的变动趋势[J].中国农村经济,2006(3):4-12.

郑丽琳,朱启贵.中国碳排放库兹涅茨曲线存在性研究[J].统计研究,2012,29(5):58-65.

中国农业年鉴编辑委员会.中国农业年鉴(2017)[M].北京:中国农业出版社,2017.

中华人民共和国农业部.新中国农业六十年统计资料[M].北京:中国农业出版社,2009.

中华人民共和国农业部.中国农业统计资料(2016)[M].北京:中国农业出版社,2016.

周端明.技术进步、技术效率与中国农业生产率增长——基于DEA的实证分析[J].数量经济技术经济研究,2009(12):70-81.

周陶,高明,谢德体,等.重庆市农田系统碳源/汇特征及碳足迹分析[J].西南大学学报(自然科学版),2014,36(1):96-102.

朱希刚.我国“九五”时期农业科技进步贡献率的测算[J].农业经济问题,2002(5):12-13.

朱喜,史清华,盖庆恩.要素配置扭曲与农业全要素生产率[J].经济研究,2011(5):86-98.

朱子云.中国经济增长的动力转换与政策选择[J].数量经济技术经济研究,2017(3):3-19.

庄贵阳.节能减排与中国经济的低碳发展[J].气候变化研究进展,2008,4(5):303-308.

Abramovitz M. Resource and Output Trends in the United States Since 1870[J]. American Economic Review,1956,46(2):5-23.

Afriat S N. Efficiency Estimation of Production Functions[J]. International Economic Review,1972,13(3):568-598.

Afsharian M,Ahn H. The Overall Malmquist Index:A New Approach for Measuring Productivity Changes Over Time[J]. Annals of Operations Research,2015,226(1):1-27.

Aigner D J,Chu S F. On Estimating the Industry Production Function [J]. American Economic Review,1968,58(4):826-839.

Aigner D,Lovell C A K,Schmidt P. Formulation and Estimation of Stochastic Frontier Production Function Models[J]. Journal of Econometrics,1977,6(1):21-37.

Andreoni J, Levinson A. The Simple Analytics of the Environmental Kuznets Curve[J]. Journal of Public Economics, 2001, 80(2): 269-286.

Arrow K,Bolin B,Costanza R,et al. Economic Growth,Carrying Capacity,and the Environment[J]. Science,1995,268(5210):520-521.

Ayer M,Brunk H D,Ewing G M,et al. An Empirical Distribution Function for Sampling with Incomplete Information[J]. Annals of Mathematical Statistics,1955,26(4):641-647.

Ball V E,Lovell C A K,Luu H,et al. Incorporating Environmental Impacts in the Measurement of Agricultural Productivity Growth[J].

Journal of Agricultural and Resource Economics, 2004, 29(3): 436 - 460.

Bousquet A, Favard P. Does S. Kuznets' Belief Question the Environmental Kuznets Curves? [J]. Canadian Journal of Economics, 2005, 38 (2): 604 - 614.

Boyce J K, Klemer A R, Templet P H, et al. Power Distribution, the Environment, and Public Health: A State - Level Analysis[J]. Ecological Economics, 1999, 29(1): 127 - 140.

Boyce J K. Inequality as a Cause of Environmental Degradation[J]. Ecological Economics, 1994, 11(3): 169 - 178.

Brandt N, Schreyer P, Zipperer V. Productivity Measurement with Natural Capital and Bad Outputs [R]. OECD Economics Department Working Papers, No. 1154, OECD Publishing, Paris, 2014.

Brandt N, Schreyer P, Zipperer V. Productivity Measurement with Natural Capital[R]. OECD Economics Department Working Papers, No. 1092, OECD Publishing, Paris, 2013.

Brannlund R, Ghalwash T. The Income-Pollution Relationship and the Role of Income Distribution: An Analysis of Swedish Household Data[J]. Resource and Energy Economics, 2008, 30(3): 369 - 387.

Brunk H D. Maximum Likelihood Estimates of Monotone Parameters[J]. Annals of Mathematical Statistics, 1955, 26(4): 607 - 616.

Caves D W, Christensen L R, Diewert W E. Multilateral Comparisons of Output, Input, and Productivity Using Superlative Index Numbers [J]. Economic Journal, 1982a, 92(365): 73 - 86.

Caves D W, Christensen L R, Diewert W E. The Economic Theory of Index Numbers and the Measurement of Input, Output, and Productivity[J]. Econometrica, 1982b, 50(6): 1393 - 1414.

Cavlovic T A, Baker K H, Berrens R P, et al. A Meta - Analysis of Environmental Kuznets Curve Studies[J]. Agricultural and Resource Economics Review,2000,29(1):32 - 42.

Chambers R G, Chung Y, Färe R. Benefit and Distance Functions[J]. Journal of Economic Theory,1996,70(2):407 - 419.

Chambers R G, Färe R, Grosskopf S. Productivity Growth in APEC Countries[J]. Pacific Economic Review,1996,1(3):181 - 190.

Charnes A,Cooper W W,Rhodes E. Measuring the Efficiency of Decision Making Units[J]. European Journal of Operational Research,1978,2(6):429 - 444.

Chen P,Yu M,Chang C,et al. Productivity Change in Taiwan's Farmers' Credit Unions: A Nonparametric Risk - Adjusted Malmquist Approach[J]. Agricultural Economics,2007,36(2):221 - 231.

Cheng K,Pan G,Smith P,et al. Carbon Footprint of China's Crop Production: An Estimation Using Agro - statistics Data over 1993—2007[J]. Agriculture, Ecosystems & Environment, 2011, 142(3 - 4): 231 - 237.

Chung Y H,Färe R,Grosskopf S. Productivity and Undesirable Outputs: A Directional Distance Function Approach[J]. Journal of Environmental Management,1997,51(3):229 - 240.

Cobb C W,Douglas P H. A Theory of Production[J]. American Economic Review,1928,18(1):139 - 165.

Coelli T J,Rao D S P. Total Factor Productivity Growth in Agriculture: A Malmquist Index Analysis of 93 Countries,1980—2000[J]. Agricultural Economics,2005,32(S1):115 - 134.

Cole M A,Rayner A J,Bates J M. The Environmental Kuznets Curve: An Empirical Analysis[J]. Environment and Development Economics, 1997,2(4):401 - 416.

Crawford R H. Validation of a Hybrid Life - Cycle Inventory Analysis

Method[J]. Journal of Environmental Management, 2008, 88(3): 496-506.

Csutora M, Harangozo G. Twenty Years of Carbon Accounting and Auditing - A Review and Outlook[J]. Society and Economy, 2017, 39(4): 459-480.

Dang T, Mourougane A. Adjusting Productivity for Pollution in Selected Asian Economies[R]. OECD Green Growth Papers, 2014-01, OECD Publishing, Paris, 2014a.

Dang T, Mourougane A. Estimating Shadow Prices of Pollution in Selected OECD Countries[R]. OECD Green Growth Papers, No. 2014-02, OECD Publishing, Paris, 2014b.

Diewert W E. Index Number Theory Using Differences Rather Than Ratios[J]. American Journal of Economics and Sociology, 2005, 64(1): 311-360.

Dinda S. Environmental Kuznets Curve Hypothesis: A Survey[J]. Ecological Economics, 2004, 49(4): 431-455.

EPA. Global Anthropogenic Non-CO_2 Greenhouse Gas Emissions: 1990—2030[R]. U. S. Environmental Protection Agency, Office of Atmospheric Programs Climate Change Division, EPA 430-R-12-006, 2012.

Falavigna G, Manello A, Pavone S. Environmental Efficiency, Productivity and Public Funds: The Case of the Italian Agricultural Industry[J]. Agricultural Systems, 2013, 121(October): 73-80.

Farrell M J. The Measurement of Productive Efficiency[J]. Journal of the Royal Statistical Society. Series A (General), 1957, 120(3): 253-290.

Fried H O, Lovell C A K, Schmidt S S. The measurement of productive efficiency and productivity growth[M]. Oxford: Oxford University

Press,Inc. ,2008.

Fukuyama H,Weber W L. A Directional Slacks - based Measure of Technical Inefficiency[J]. Socio - Economic Planning Sciences,2009,43(4):274 - 287.

Färe R,Grosskopf S,Lindgren B,et al. Productivity Changes in Swedish Pharamacies 1980—1989:A Non - Parametric Malmquist Approach[J]. Journal of Productivity Analysis,1992,3(1 - 2):85 - 101.

Färe R,Grosskopf S,Norris M,et al. Productivity Growth,Technical Progress,and Efficiency Change in Industrialized Countries[J]. American Economic Review,1994b,84(1):66 - 83.

Färe R,Grosskopf S,Pasurka C. Environmental Production Functions and Environmental Directional Distance Functions[J]. Energy,2007,32(7):1 055 - 1 066.

Färe R,Grosskopf S,Zaim O. An Environmental Kuznets Curve for the OECD Countries[M]. In Färe,R. and S. Grosskopf(edited),New Directions: Efficiency and Productivity. Springer Science + Business Media,LLC,233 Spring Street,New York,NY 10013,USA,2003.

Färe R,Grosskopf S. Directional Distance Functions and Slacks - based Measures of Efficiency[J]. European Journal of Operational Research,2010,200(1):320 - 322.

Färe R,Grosskopf S. Intertemporal production frontiers: With dynamic DEA[M]. Boston:Kluwer Academic Publishers,1996.

Galli A,Wiedmann T,Ercin E,et al. Integrating Ecological,Carbon and Water Footprint into a "Footprint Family" of Indicators: Definition and Role in Tracking Human Pressure on the Planet[J]. Ecological Indicators,2012,16(May):100 - 112.

Gassebner M,Gaston N,Lamla M J. Relief for the Environment? The Importance of an Increasingly Unimportant Industrial Sector[J]. Economic Inquiry,2008,46(2):160-178.

Gassebner M,Lamlay M J,Sturmz J. Determinants of Pollution:What do We Really Know? [J]. Oxford Economic Papers, 2011, 63(3): 568-595.

Gawande K,Berrens R P,Bohara A K. A Consumption-Based Theory of the Environmental Kuznets Curve[J]. Ecological Economics, 2001, 37(1):101-112.

Greene W H. Maximum Likelihood Estimation of Econometric Frontier Functions[J]. Journal of Econometrics,1980,13(0):27-56.

Grossman G M, Krueger A B. Economic Growth and the Environment [J]. The Quarterly Journal of Economics,1995,110(2):353-377.

Grossman G M,Krueger A B. Environmental Impacts of a North American Free Trade Agreement[R]. NBER working paper, No. 3914 (Cambridge,MA),November ,1991.

Hanson D L,Pledger G. Consistency in Concave Regression[J]. Annals of Statistics,1976,4(6):1 038-1 050.

Heerink N,Mulatu A,Bulte E. Income Inequality and the Environment: Aggregation Bias in Environmental Kuznets Curves[J]. Ecological Economics,2001,38(3):359-367.

Heijungs R,Suh S. Reformulation of Matrix-based LCI:From Product Balance to Process Balance[J]. Journal of Cleaner Production,2006, 14(1):47-51.

Hildreth C. Point Estimates of Ordinates of Concave Functions[J]. Journal of the American Statistical Association, 1954, 49(267): 598-619.

IEA. World Energy Outlook 2006[M]. OECD/IEA, Paris: OECD/IEA, Paris,2006.

IEA. World Energy Outlook 2009[M]. IEA,Paris:IEA,Paris,2009.

IPCC. Climate Change 2007: Impacts, Adaptation and Vulnerability. Contribution of Working Group II to the Fourth Assessment Report of the Intergovernmental Panel on Climate Change[M]. Cambridge University Press, Cambridge, UK, 976pp. : Cambridge University Press, Cambridge, UK, 976pp. , 2007a.

IPCC. Climate Change 2007: Mitigation. Contribution of Working Group III to the Fourth Assessment Report of the Intergovernmental Panel on Climate Change[M]. Cambridge University Press, Cambridge, United Kingdom and New York, NY, USA. , 852pp. : Cambridge University Press, Cambridge, United Kingdom and New York, NY, USA. , 852pp. , 2007b.

IPCC. Climate Change 2013: The Physical Science Basis. Contribution of Working Group I to the Fifth Assessment Report of the Intergovernmental Panel on Climate Change[M]. Cambridge University Press, Cambridge, United Kingdom and New York, NY, USA, 1535 pp. : Cambridge University Press, Cambridge, United Kingdom and New York, NY, USA, 1535 pp. , 2013.

Jolliet O, Soucy G, Shaked S, et al. General principles of life cycle assessment[M]. In Jolliet, O. , M. Saade – Sbeih, S. Shaked, A. Jolliet and P. Crettaz(edited), Environmental life cycle assessment. CRC Press, 2016.

Kao C, Hwang S. Multi – period Efficiency and Malmquist Productivity Index in Two – stage Production Systems[J]. European Journal of Operational Research, 2014, 232(3): 512 – 521.

Keshvari A, Kuosmanen T. Stochastic Non – convex Envelopment of Data: Applying Isotonic Regression to Frontier Estimation[J]. European Journal of Operational Research, 2013, 231(2): 481 – 491.

Komen M H C, Gerking S, Folmer H. Income and environmental R&D:

Empirical evidence from OECD countries[J]. Environment and Development Economics,1997,2(4):505 – 515.

Kumar S,Khanna M. Measurement of Environmental Efficiency and Productivity:A Cross – country Analysis[J]. Environment and Development Economics,2009,14(4):473 – 495.

Kuosmanen T,Johnson A L. Data Envelopment Analysis as Nonparametric Least – Squares Regression[J]. Operations Research, 2010, 58 (1):149 – 160.

Kuosmanen T,Kortelainen M. Stochastic Non – smooth Envelopment of Data:Semi – parametric Frontier Estimation Subject To Shape Constraints[J]. Journal of Productivity Analysis,2012,38(1):11 – 28.

Kuznets S. Economic Growth and Income Inequality[J]. American Economic Review,1955,45(1):1 – 28.

Lenzen M. Errors in Conventional and Input – Output – based Life – Cycle Inventories[J]. Journal of Industrial Ecology,2000,4(4):127 – 148.

Leontief W W. Quantitative Input and Output Relations in the Economic Systems of the United States[J]. The Review of Economics and Statistics,1936,18(3):105 – 125.

Li J,Yu B,Xie S. Estimating Emissions from Crop Residue Open Burning in China based on Statistics and MODIS Fire Products[J]. Journal of Environmental Sciences,2016,44(June):158 – 170.

Lin J Y. Rural Reforms and Agricultural Growth in China[J]. American Economic Review,1992,82(1):34 – 51.

Lopez R. The Environment as a Factor of Production:The Effects of Economic Growth and Trade Liberalization[J]. Journal of Environmental Economics and Management,1994,27(2):163 – 184.

Ma S,Feng H. Will the Decline of Efficiency in China's Agriculture Come to an End? An Analysis based on Opening and Convergence[J]. China Economic Review，2013，27(December)：179－190.

Magnani E. The Environmental Kuznets Curve，Environmental Protection Policy and Income Distribution[J]. Ecological Economics，2000，32(3)：431－443.

Malmquist S. Index Numbers and Indifference Curves[J]. Trabajos de Estatistica，1953，4(2)：209－242.

Managi S，Jena P R. Environmental Productivity and Kuznets Curve in India[J]. Ecological Economics，2008，65(2)：432－440.

Martin J，Binder M，Monch H. "Dirty Industries"：Patterns of Change in Industrial Countries[J]. Environmental and Resource Economics，1997，9(4)：467－491.

Matthews H S，Hendrickson C T，Weber C L. The Importance of Carbon Footprint Estimation Boundaries[J]. Environmental Science & Technology，2008，42(16)：5 839－5 842.

McMillan J，Whalley J，Zhu L. The Impact of China's Economic Reforms on Agricultural Productivity Growth[J]. Journal of Political Economy，1989，97(4)：781－807.

McMullen C P，Jabbour J. Climate change science compendium 2009[M]. United Nations Environment Programme，Nairobi，EarthPrint：2009.

Meeusen W，van Den Broeck J. Efficiency Estimation from Cobb－Douglas Production Functions with Composed Error[J]. International Economic Review，1977，18(2)：435－444.

Montzka S A，Dlugokencky E J，Butler J H. Non－CO_2 Greenhouse Gases and Climate Change[J]. Nature，2011，4(7)：46－50.

Munasinghe M. Is Environmental Degradation an Inevitable Consequence of Economic Growth：Tunneling through the Environmental Kuznets Curve[J]. Ecological Economics，1999，29(1)：89－109.

Müller B，Schebek L. Input－Output－based Life Cycle Inventory[J].

Journal of Industrial Ecology,2013,17(4):504-516.

Norse D. Low Carbon Agriculture: Objectives and Policy Pathways[J]. Environmental Development,2012,1(1):25-39.

Oh D, Heshmati A. A Sequential Malmquist - Luenberger Productivity Index: Environmentally Sensitive Productivity Growth Considering the Progressive Nature of Technology[J]. Energy Economics,2010,32(6):1 345-1 355.

Oh D. A Global Malmquist-Luenberger Productivity Index[J]. Journal of Productivity Analysis,2010,34(3):183-197.

Panayotou T. Demystifying the Environmental Kuznets Curve: Turning a Black Box into a Policy Tool[J]. Environment and Development Economics,1997,2(4):465-484.

Panayotou T. Empirical Tests and Policy Analysis of Environmental Degradation at Different Stages of Economic Development[R]. Working Paper WP238, Technology and Employment Programme, Geneva: International Labor Office,1993.

Pandey D, Agrawal M, Bohra J S. Greenhouse Gas Emissions from Rice Crop with Different Tillage Permutations in Rice - wheat System [J]. Agriculture, Ecosystems & Environment, 2012, 159 (15): 133-144.

Pastor J T, Lovell C A K. A Global Malmquist Productivity Index[J]. Economics Letters,2005,88(2):266-271.

Qiu J. China's Climate Target: Is It Achievable? [J]. Nature, 2009, 4(7):550-551.

Qu B, Zhang Y. The Effect of Income Distribution on the Environmental Kuznets Curve[J]. Pacific Economic Review,2011,16(3):349-370.

Ravallion M, Heil M, Jalan J. Carbon Emissions and Income Inequality [J]. Oxford Economic Papers,2000,52(4):651-669.

Rees W E. Ecological Footprints and Appropriated Carrying Capacity: What Urban Economics Leaves Out[J]. Environment and Urbanization,1992,4(2):121 - 130.

Robins N, Clover R, Singh C. A Climate for Recovery: The Colour of Stimulus Goes Green[J]. HSBC Global Research, 2009, 25 (2): 1 - 45.

Roca J. Do Individual Preferences Explain the Environmental Kuznets Curve? [J]. Ecological Economics,2003,45(1):3 - 10.

Rodríguez M C,Haščič I,Souchier M. Environmentally Adjusted Multifactor Productivity: Methodology and Empirical Results for OECD and G20 Countries[R]. OECD Green Growth Papers, No. 2016/04, OECD Publishing,Paris,2016.

Scruggs L A. Political and Economic Inequality and the Environment[J]. Ecological Economics,1998,26(3):259 - 275.

Selden T M,Song D. Environmental Quality and Development:Is There a Kuznets Curve for Air Pollution Emissions? [J]. Journal of Environmental Economics and Management,1994,27(2):147 - 162.

Selden T M, Song D. Neoclassical Growth, the J Curve for Abatement, and the Inverted U Curve for Pollution[J]. Journal of Environmental Economics and Management,1995,29(2):162 - 168.

Shafik N,Bandyopadhyay S. Economic Growth and Environmental Quality:Time - Series and Cross - Country Evidence[R]. World Bank Policy Research Working Paper,No. 904(Washington,D. C.),1992.

Shafik N. Economic Development and Environmental Quality:An Econometric Analysis[J]. Oxford Economic Papers,1994,46(Special Issue on Environmental Economics):757 - 773.

Shestalova V. Sequential Malmquist Indices of Productivity Growth: An Application to OECD Industrial Activities[J]. Journal of Productivity

Analysis,2003,19(2 - 3):211 - 226.

Smith P,Haberl H,Popp A,et al. How Much Land - based Greenhouse Gas Mitigation can be Achieved without Compromising Food Security and Environmental Goals? [J]. Global Change Biology,2013,19(8):2 285 - 2 302.

Smith P,Martino D,Cai Z,et al. Agriculture[M]. In Metz,B. ,O. R. Davidson, P. R. Bosch, R. Dave and L. A. Meyer (edited), Climate change 2007: Mitigation. Contribution of working group III to the fourth assessment report of the intergovernmental panel on climate change. Cambridge University Press, Cambridge, United Kingdom and New York,NY,USA,2007.

Stern D I,Common M S,Barbier E B. Economic Growth and Environmental Degradation: The Environmental Kuznets Curve and Sustainable Development[J]. World Development,1996,24(7):1151 - 1160.

Stone R. Whittling Away at the Residual: Some Thoughts on Denison's Growth Accounting: A Review Article[J]. Journal of Economic Literature,1980,18(4):1 539 - 1 543.

Suh S,Lenzen M,Treloar G J,et al. System Boundary Selection in Life - Cycle Inventories Using Hybrid Approaches[J]. Environmental Science & Technology,2004,38(3):657 - 664.

Timmer C P. Using a Probabilistic Frontier Production Function to Measure Technical Efficiency[J]. Journal of Political Economy,1971,79(4):776 - 794.

Tone K. A Slacks - based Measure of Efficiency in Data Envelopment Analysis[J]. European Journal of Operational Research,2001,130(3):498 - 509.

Torras M,Boyce J K. Income,Inequality,and Pollution: A Reassessment of the Environmental Kuznets Curve [J]. Ecological Economics,

1998,25(2):147 - 160.

Tulkens H,Eeckaut P V. Non - Parametric Efficiency,Progress and Regress Measures for Panel Data:Methodological Aspects[J]. European Journal of Operational Research,1995,80(3):474 - 499.

Vukina T,Beghin C J,Solakoglu E G. Transition to markets and the environment:Effects of the change in the composition of manufacturing output[J]. Environment and Development Economics,1999,4(4):582 - 598.

Wackernagel M,Rees W. Our ecological footprint:Reducing human impact on the earth[M]. New Society Publishers,Gabriola Island,1996.

Wang K,Wei Y. China's Regional Industrial Energy Efficiency and Carbon Emissions Abatement Costs[J]. Applied Energy,2014,130(1):617 - 631.

Wang Z,Chen J,Mao S,et al. Comparison of Greenhouse Gas Emissions of Chemical Fertilizer Types in China's Crop Production[J]. Journal of Cleaner Production,2017,141(10 January):1 267 - 1 274.

Wiedmann T,Minx J. A definition of "carbon footprint"[M]. In Pertsova,C. C. (edited),Ecological economics research trends. Nova Science Publishers,Hauppauge NY,USA,2007.

Xue J,Pu C,Liu S,et al. Carbon and Nitrogen Footprint of Double Rice Production in Southern China[J]. Ecological Indicators,2016,64(5):249 - 257.

Xue M,Harker P T. Note:Ranking DMUs with Infeasible Super - Efficiency DEA Models [J]. Management Science, 2002, 48(5):705 - 710.